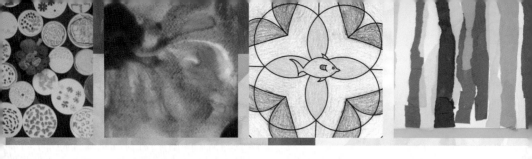

노인미술치료 ^{2판}
이론과 실제

정여주 저

Art Therapy with Elderly: Theory and Practice

학지사

2판 서문

『노인미술치료』를 출판한 지 10여 년이 훌쩍 지났다. 그 사이에 우리나라는 100세 시대라는 말이 낯설지 않을 만큼 고령사회에 들어섰다. 우리는 오랫동안 건강하고 행복하게 살기를 바라고 그것이 축복된 삶이라고 여긴다. 그렇다면 노인들은 100세를 기대하는 삶을 어떻게 계획하고 바라고 있는가?

이제 우리 사회에서는 노인의 웰빙을 위한 의료체계, 경제 기반, 문화와 환경 시스템 등의 서비스가 주요 이슈가 되고 있다. 그러나 노인의 심리적, 정서적, 영적 보살핌에 대한 필요성과 인식은 여전히 미비한 실정이다. 노인이 겪는 외로움, 소외감, 박탈감, 상실감, 우울감 등을 상담하거나 심리적 치료로 접근해야 한다는 인식은 아직도 낯선 이야기다.

노인미술치료는 노인을 위한 재활 접근뿐 아니라, 심리적, 심리사회적, 정신·신체적 향상을 담당한다. 미술치료사들은 노인이

미술활동을 하면서 아이처럼 행복해하기도 하고, 어려웠던 과거의 기억을 회상하며 눈물을 흘리고 억누르고 있던 감정을 표출하면서 마음을 정리하는 것을 자주 경험한다. 노인의 웃음과 안타까움, 그리움과 용서와 소망이 그들만의 독특한 그림으로 흘러나오는 현상은 놀라운 광경이자 과정이 아닐 수 없다. 노인의 내면에서 품어 나오는 이야기와 그림에는 노인과 아이와 청년이 함께 살아 있으며, 이를 통합하고 조화롭게 하려는 의식적, 무의식적 의지가 담겨 있다.

『노인미술치료』 2판의 이론 편에는 전체적으로 최근의 이슈를 담고 내용을 확장하였다. 1판의 제4장인 '노인미술치료의 적용영역'을 2판에서 제3장 '노년기 장애'로 바꾸었으며, 각 영역에 제시한 미술치료를 제4장 '노인미술치료' 전체에 통합하였다. 각 장애에 따른 미술치료를 생략하였는데, 독자들은 제4장을 통해 노년기 장애에 대한 미술치료를 충분히 활용할 수 있으리라 믿는다. 또한 2판에서 제6장의 소록도 한센병력 노인미술치료 사례를 추가하였다. 이 사례를 통해 한센병으로 인해 노년이 될 때까지 평생을 가족과 사회에서 격리되고 소외되어 아직도 사람들의 편견에서 자유롭지 못한 노인을 위한 미술치료의 의미와 필요성을 전하고자 한다.

이 책이 나오기까지 많은 분의 격려와 도움을 받았다. 그림을 실을 수 있게 기꺼이 허락해 주신 어르신들께 깊은 감사를 드린다. 필자에게는 노인미술치료를 하도록 힘을 주신 분들이다. 무엇보다 소록도에서 미술치료를 함께 하신 어르신들께 존경과 감사의 인사를 드리고자 한다. 우리 미술치료사들에게 미술치료사의 정체성과 미술치료의 필요성을 감동적으로 전해 주신 이분들을 항상 기억하며 감사함을 잊지 않을 것이다. 더불어 소록도에서 미술치료사로서의 발걸음을 시작하면서 함께 울고 웃었던 제자들이 이제는 그 경험을 바탕으로 미술로 사람들의 마음을 읽고 치유해 주는 따뜻하고 치열한 미술치료사가 된 모습에 진심으로 고마움을 전하고 싶다. 노인미술치료가 노인에게 얼마나 좋은가를 열정적으로 이야기하던 미술치료사들과 제자들의 모습은 필자에게 많은 자극과 힘이 되었다.

『노인미술치료』의 2판이 나오길 오랫동안 기다린 독자들에게 고마움을 전하고 싶다. 2판을 준비하면서 쓰고 싶은 것들이 많음에도 늘 미진한 채 탈고하게 되어 안타깝지만, 독자들의 의견과 피드백을 겸허히 받아들이고자 한다. 오래전부터 개정판을 요청받았음에도 이제야 원고를 탈고하게 되어 학지사 담당자분들에게 죄송한 마음과, 넉넉한 마음으로 기다려 주신 김진환 사장님께 진심으로 감사드린다. 교정과 편집을 위해 애써 주신 김서영 씨에게 고마움을 전한다.

원고를 쓰는 내내 얼마 전 타계하신 필자의 멘토이자 스승이신 Hofmann 교수님의 가르침에 더욱 고개가 숙여졌다. 사람의 마음을 품는 미술치료사가 되라고 격려해 주시던 모습이 많이 그립다. 교수님이 가꾸신 울창한 숲을 걸으며 노년의 지혜와 풍요로움을 배우고 싶은 마음이 여전히 간절하다.

　출간을 앞두고 인자하시고 고우신 어머니가 만다라를 그리면 마음이 편안해진다던 말씀처럼 편히 하늘나라로 떠나셨다. 필자에게 삶의 모범을 보여 주신 존경하고 사랑하는 어머니께 이 작은 책을 바친다.

2018년 여름
정 여 주

1판 서문

　첼로음악에 반하여 뒤 프레와 카잘스의 연주를 하루도 안 들으면 다른 일을 시작할 수 없었던 시절이 있었다. 그 시절, 카잘스의 자서전을 읽으면서 그가 노인이 되어서도 삶과 음악에 대한 그의 변함없는 열정에 가슴 뭉클한 감동을 받았다. 노인미술치료 책을 준비하면서 예술과 인생에 대해 편안하면서도 강렬한 그의 글을 다시 읽어 본다.

　〈나는 93세가 넘은 나이로, 젊지 않으며, 90세 때와는 또 다르다. 그러나 늙는다는 것은 상대적인 것이다. 사람이 계속 일하며, 우리 주변 세상의 아름다움에 대해 감수성을 지니면, 늙음이라는 것이 반드시 노화를 의미하는 것이 아니라는 것, 적어도 관례적이고 통상적 의미의 노화가 아니라는 것을 발견하게 된다. 요즘 들어 나는 많은 것들을 과거보다 훨씬 더 강렬하게 느끼며, 삶이 점점 더 매혹적으로 여겨진다.〉

카잘스는 일을 하며, 무료해하지 않는 사람은 인생에서 결코 늙지 않는다고 전한다. 일과 관심 있는 것에 몰두하는 것은 노화의 가장 좋은 치료제이며, 매일 새로 태어난 기분이고, 매일 처음부터 다시 시작하는 삶을 산다고 하는 그의 글은 아직도 가슴을 뛰게 한다.

장애인의 노년연구에 공헌하신 지도교수님은 오래전에 숲을 사서 나무를 심고 가꾸신다. 교수님은 노인들을 숲에 초대하여 함께 나무를 심어, 해마다 이분들에게 나무가 자라는 것을 보러 오게 하신다. 칠순이 넘으신 교수님은 일 년 전에 눈 수술로 한쪽 눈이 거의 보이지 않지만, 여전히 숲 가꾸는 일을 하신다. 노인미술치료를 하면서 자연의 넓은 화폭에 나무를 심고 가꾸는 그분의 일이 얼마나 창조적이고 예술적 활동인가를 자주 생각하게 된다.

창조적 활동과 예술 활동은 노인에게 유년시절의 기억과 에너지를 다시 찾아 주는 활력소가 된다. 예술이 노년의 삶에 섬세하고도 오래된 기억, 나아가 우주적 기억을 끌어낼 수 있다는 것을 노인들의 예술 활동을 통해 발견한다. 노인들의 미술치료 과정에 수많은 회상이 '지금 그리고 여기서' 자연스럽게 재현되며, 그리움, 행복감, 용서, 후회, 감사와 경탄이 함께 어우러지는 치유의 흐름을 본다. 노인에게 예술 활동은 지나온 삶의 여정을 다시 꽃피우며 자신의 본연의 모습으로 귀향하는 작업과 같다.

박사과정 시절, 노인 프로젝트에서 72세의 여성 지적장애 참가자가 점토작업에 시간이 지나는 것도 잊은 채 열중하시는 모습을 보면서, 예술 활동이 이분에게는 자신과 하나 되는 귀한 순간임을 강렬하게 느낀 적이 있다. 그때 이래로 필자는 노인에게 창조적 활동은 어떤 의미가 있는가를 깊이 생각하게 되었으며, 십여 년이 흐른 이제야 그 물음을 정리하는 마음으로 노인미술치료 책을 준비하게 되었다.

노인미술치료는 미술치료에서도 발걸음을 시작하는 단계라고 할 수 있다. 그러면서도 이렇게 책을 준비하게 된 것은 노인 분들과 미술치료를 공부하는 학생들과 치료사들과 노인미술치료를 함께 생각하고 고민하며 필요성을 알리고자 하는 데 있다.

노인미술치료는 1부의 이론과 2부의 프로그램 소개로 구성하였다. 1장에는 노인의 의미를 전반적 관점으로 살펴보는데, 여기에 노년기의 고찰과 노인의 신체적, 심리적, 사회적 관점을 다루었다. 노인의 정신적, 영적인 관점을 싣지 못하는 것이 아쉽지만, 그것은 필자의 역량이 부족한 데 기인한다고 본다.

2장에는 노인에게 창조성의 의미와 창조성의 치료적 역할에 대해 살펴보았다. 먼저 창조성에 대한 일반적 고찰과 노인과 창조성의 관계, 노인미술치료에서의 창조성의 의미와 역할을 고찰하였다. 미술치료에서 창조성이 치료의 중요한 주제인데도, 노인에게 창조성과 예술 활동에 대한 연구가 부족한 점을 감안하여, 이 방면에 연구가 계속되기를 바라는 마음이다.

3장은 노인미술치료 전반을 다루었다. 여기에 노인미술치료의 의미와 필요성, 목적, 기대효과, 접근 방향, 구상, 노인미술치료사

역할과 자질에 대해 고찰하였다.

4장은 노인미술치료를 적용하는 영역을 살펴보았는데, 대표적으로 치매, 우울증, 뇌졸중을 다루었다. 먼저 병에 대해 고찰하고 각각의 증세에 따른 미술치료의 접근방법을 구체적으로 제시하였다.

5장은 노인미술치료 평가를 고찰하였다. 여기에 소개하는 것들은 노인미술치료 평가를 위해서 노인미술치료 연구가들이 실제로 연구한 사례에 기초한 것이다. 노인미술치료 평가들을 소개하면서 노인미술에 대한 양적, 질적 접근방안과 사례들이 더 많이 알려지고 그에 대한 논의들이 필요하다는 것을 절감한다.

2부에는 노인미술치료 현장에서 노인들에게 실제 적용하였던 프로그램들을 소개하였다. 프로그램은 노인들의 병, 장애, 갈등뿐만 아니라 노인들의 창의적 잠재력을 회복하는 것을 목적으로 만들어졌다. 주제, 매체, 기법은 노인들의 신체적, 심리적, 사회적 관점을 고루 고려한 것으로, 실제 노인 분들이 즐겨하셨던 프로그램들을 선정하였다. 전체 40여 개의 주제를 소개하지만, 각각의 주제에 2개 이상의 변형 가능한 프로그램을 제시하여 폭넓게 적용할 수 있도록 고려하였다.

탈고를 하면서 아직도 미비하기 이를 데 없는 점들을 발견한다. 그러나 노년의 삶에서 예술, 그중에서도 미술활동이 삶의 다양한 색채와 자연과 우주에 대한 대화라는 것을 발견하고 체험하였기에, 부족하지만 그동안 작업하여 정리한 것을 전하고자 한다. 노인

미술치료에 관여하시는 많은 분의 조언과 비평을 기다리는 마음
이 어느 때보다 더 크다. 여기에서 미술과 창조성이 지니는 치료적
힘, 미술의 치유과정에 대한 이해, 미술을 통하여 자신의 존재를
재확인하는 노인들의 체험을 나눌 수 있기를 진심으로 바란다. 이
러한 체험은 우리 앞에 놓인 삶의 과제이기 때문이기도 하다.

　노인미술치료 책을 만들기 위해 많은 분의 도움을 받았다. 먼저
미술이 치료적이라고 경험을 전해 주시는 부모님에게 무한한 감사
를 드린다. 매일 의식을 치르듯 만다라 그림을 그리시는 부모님은
필자에게는 항상 스승이기도 하며 노년에 대해 허심탄회하게 이야
기를 나눌 수 있는 분들이다. 그림을 그리고 붓글씨를 쓰면서 새로
운 힘과 인생의 묘미를 맛보신다는 부모님처럼 늙을 수 있는 지혜
를 얻고 싶다. 근래에 소록도에 계시는 어르신들에게 그림의 힘이
어떤 것인지 겸손하게 배울 수 있었던 감동이 아직도 생생하며, 이
분들에게 특별한 존경과 감사의 마음을 전하고 싶다. 어르신들의
미적 감각과 엄청난 작업량을 글로 표현하기가 어려울 정도이다.
무엇보다 이분들의 놀라운 집중력과 작업에 몰두하시는 모습은 아
름다운 연주를 듣거나 노스님의 기도 모습을 바라볼 때와 같은 감
동을 준다. 이 지면을 빌어서 그림을 기꺼이 싣게 해 준 분들에게
진심으로 고마운 마음을 드린다. 노인미술치료를 하면서 서로 의
견을 나누며, 고민하고 대화를 나누는 동료, 제자들에게도 고마움
을 전한다. 이분들이 아니었다면 아직도 이 책을 낼 엄두를 못 내
었다.

마지막으로 몇 년 동안 노인미술치료 책을 기다리시며 관심과 인내심을 보여 주신 학지사 김진환 사장님과 뜨거운 여름에 교정에 수고해 주신 편집부 분들께 진심으로 감사를 드린다.

2006년 여름

정 여 주

차례

제1부 **노인미술치료 이론** ·················· 17

제1부

노인미술치료 이론

제1장
노인의 의미와 노년기의 이해

1명의 노인이 죽을 때, 1개의 도서관이 불타 버린다.
– 아프리카 속담

1. 노년기의 고찰

1) 노인의 정의

1990년 유엔총회에서 10월 1일을 '세계 노인의 날'로 공포한 이래, 매년 많은 나라에서 노인의 날을 기념하는 행사가 이루어진다. '세계 노인의 날' 제정은 '노인들에게 경제적 · 사회적 참여 기회를 높이고 안전한 환경을 제공하며, 그들에게 필요한 적절한 주거와 건강과 사회 서비스'(http://www.un.org/)를 지원하기 위한 것이다. 이는 세계적으로 노인인구의 급격한 증가와 더불어 노인의 삶과 노인의 권리 그리고 고령화 사회에 대한 인식과 논의와 대책이 시급한 시대적 이슈라는 것을 알렸다. 21세기에 들어서면서 노년기는 과거 어느 시대보다 인생 주기에서 가장 길어졌다.

그렇다면 이 시대에 노인은 어떻게 정의될 수 있는가? 노인으로 규정지을 수 있는 연령, 생물학적 노화, 사회적 역할, 심리적 변화, 장애 및 질병 등의 잣대는 모든 노인에게 동일하게 적용되는가?

UN에서는 노인을 65세부터라고 규정하여 이것이 세계적으로 보편화되어 있으며, 우리나라 「노인복지법」도 이를 따른다. 그러나 시대의 변화에 따라 연령만으로 노인을 규정짓는 것에 반대하는 목소리도 높다. 이에 따라 노인의 정의를 연령적 기준만이 아니라, 다양한 요소와 연결하려는 시도가 이루어진다. 구체적인 예로 유엔인구활동기금(United Nations Fund for Population Activities: UNFPA, 2012) 보고에서는 노인을 '기능적, 인지적 그리고 육체적 능력이 저하되고, 병이나 장애에 더 취약한 단계의 연령'으로 정의한다.

세계보건기구(WHO)는 노인 연령을 초기와 후기로 나누는데, 65~74세는 '초기 노년기(early elderly)'로 75세 이상은 '후기 노년기(late elderly)'로 규정한다. Orimo 등(2006)은 노인을 정의하기 위해 노인에 대한 국민 인식, 병간호의 필요성, 기능적 독립성에 대한 종단연구와 임상적, 병리적 데이터를 종합적으로 조사하였다. 이들은 노인의 활발한 사회활동에 근거한 결과를 통해 노인 연령에 대한 정의를 65세 대신 75세 이상으로 규정할 것을 제안하였다. 노인에 대한 정의는 주관적, 객관적으로 다를 수 있으며, 시대와 문화, 사회적 환경에 따라 변할 수 있다.

2) 노인인구

인구통계학 추세에 따르면, 현대는 노인인구 비중이 다른 연령보다 높아지는 고령화 시대가 되고 있다. 따라서 노인인구 증가는 21세기 사회 전반에 걸쳐 주목해야 하는 이슈로 부각된다. 유엔인구활동기금(UNFPA, 2012) 보고에 의하면, 전 세계에 매초마다 2명이 60세 생일을 맞이하여 60대가 거의 5천 8백만 명에 이른다. 즉, 세계 인구의 9명 중 1명은 60세나 그 이상이며, 2050년경에는 5명 중 1명이 60대 이상일 것이라는 전망이다. 이러한 노인인구의 증가 현상은 '출산율 저하, 낮은 영아 사망률, 노인 생존율 증가'에 서 원인을 찾을 수 있다. 장수인구의 증가는 인간이 이룬 가장 큰 업적 중의 한 부분으로 식생활 향상 및 위생, 의학 발전, 헬스 케어, 교육, 경제적 웰빙이 장수의 요인이라고 본다. 또한 노인인구의 증가에는 여성의 사회진출, 사회경제적 상황 등도 주요 요인이 된다.

우리나라 노인인구의 증가는 세계 어느 나라보다 빠른 속도로 진행되고 있다. 우리나라는 2000년대에 65세가 인구 전체의 7%를 넘는 '고령화 사회'에 들어섰고, 통계청은 2005년에 2018년에는 14%가 넘는 '고령 사회'에 이를 것으로 전망했다(통계청, 2005). 이는 노령화 속도가 7% 증가하는 데 일본이 24년, 독일이 40년, 미국이 72년이 소요되는 데 비해, 한국은 18년으로 세계적으로 가장 빠른 추세다. 우리나라는 2015년 65세 이상 노인인구 비율이 전체 인구의 10%를 넘어섰고(행정자치부, 2015), 2017년에는 13.8%(통계청, 2017)로서 14%의 고령 사회에 진입했다. 이는 2005년에 예측했던 것보다 1년이 앞당겨졌다. 또한 65세 이상 노인인구가 20%가 되는 초고령 사회도 곧 다가온다는 것을 예측할 수 있다. 노인인구의 급격한 증가와 더불어 노년기에 대한 사회, 경제, 의학, 주거, 가족형태, 복지관점 등의 논의는 사회의 주요 쟁점이자, 해결해야 할 국가과제로 부각되고 있다.

3) 노인 인식

장수와 노인인구의 증가는 노인 개인뿐 아니라 가족, 사회, 국가, 나아가 범국가적 변화와 맞물리는데, 이는 무엇보다 노인의 삶에 대한 인식 변화가 중요한 역할을 한다. '100세 시대'라는 말은 노인만이 아니라 모든 세대가 변화에 대한 새로운 인식을 갖추고, 삶의 가치와 더불어 사는 삶에 대한 준비가 필요하다는 메시지를 전한다.

그러나 오늘날 경쟁력 우선의 사회풍조와 노인인구의 급속한 증가와 핵가족화 등으로 인하여 우리 문화의 고유한 덕목인 경로사상의 전통과 가치관이 빠르게 퇴색되고 있다. 핵가족화의 변화로 가족들은 노인의 삶을 가까이에서 보며 관심을 가질 기회가 희박해졌다. 노인은 다른 세대와 접촉할 기회가 점점 줄어들고 홀로 노년을 살아가야 하는 현실에 부닥친다. 또한 노인들에게 중요했던 지식이나 기술 등은 첨단기술에 밀려 그 필요성이 희박해지면서 노인들은 사회적 적응과 역할에 도태되어 무능감, 소외감, 박탈감을 과거 어느 시대보다 많이 경험한다. 이러한 상황에 노인의 권위는 사회적 관심에서 벗어나며, 사회적 참여와 역할에 대한 상실감도 증가한다. 노인 학대, 노인 자살, 혼자 죽음을 맞이하는 고독사, '현대판 고려장'과 같은 사건은 이러한 현실의 단면을 보여 준다.

이와 같은 노인의 심리적 · 심리사회적 현상은 우리 사회 노년기 초상화의 한 면이다. 현대인은 노인인구 비율이 높음에도 불구하고 노년기가 인생의 한 과정에 속한다는 인식 또는 노인과 더불어 살아야 한다는 정서보다는, 노인을 삶의 무대 언저리나 무대 밖에 존재하는 국외자적 존재로 여기는 경우가 많다. 이러한 경향은 젊은 세대가 자신이 노인이 되는 미래를 전망하지 못하고 세대 간 소통의 저해는 물론 건강하고 풍요로운 사회문화를 형성하는 데 위험요소가 된다.

유엔인구활동기금(UNFPA, 2012) 보고에서는 '2002 마드리드 고령화 국제행동 계획'에 근거하여, 21세기의 고령화는 '축하와 도전'이라는 기치 아래 세 가지 주요 영역, 즉 '발전, 건강 및 웰빙과 지지 환경'을 발표하였다. 이 발표는 노인들의 목소리에 초점을 맞추어 인구 노령화의 전망을 더 잘 이해하고 그러한 기반 위에서 행동화할 것을 약속하는 것이다. 이 발표의 중요한 메시지는 '오늘날 젊은 세대를 위한 더 나은 세계는, 2050년 노인세대를 위한 더 나은 세계를 의미하는 것'이다. 또한 많은 나라가 노인을 위한 정책, 계획, 프로그램, 전략을 승인하고 입법화하는 변화를 보이지만, 이 것만으로 노인의 삶의 질을 위한 진정한 변화를 이룰 수 없다고 이 보고는 강조한다.

노년기가 길어지면서 노인들의 소외감과 박탈감이 오늘날 사회 적 이슈가 되지만, 다른 한편으로는 과거에는 알 수 없었던 노인의 저력이 다양한 방면에서 발견됨으로써 노인에 대한 인식에 변화가 생기고 있다. 노인들은 사회의 그늘이나 무대 뒤에 존재하는 세대 가 아니라, 능동적으로 사회에 참여하고 독립적인 생활을 추구하 며 노인 문화를 만들어 가는 움직임도 많아지고 있다. 또한 시대의 흐름에 따라 노인의 새로운 역할과 임무를 찾아가는 추세도 증가 하였다. 최근에 인문학 강의나 문화예술 강의, 연주회, 전시회 등 에서 노인들이 젊은 세대 못지않게 혹은 그들보다 더 많이 참여하 는 것을 보면서, 노인들이 자발적으로 건강한 노인 문화를 만들어 감을 실감한다. 이러한 경향은 사회의 여러 분야로 확산되며 노인 에 대한 인식을 바꾸는 데 밑거름이 될 수 있다. 능동적이고 주체 적인 노인을 단순한 웰빙이 아니라 삶의 진정한 행복까지 추구하 는 '네오 웰빙'의 선두주자로 볼 수 있다.

4) 노인 연구

노년 주제는 기원전 로마의 저술가인 Cicero가 자신의 노년기 경험을 통해 오늘날까지 깊은 울림을 주는 위대한 작품인『노년에 대해서』로 거슬러 갈 수 있다. Cicero(1999)는 노년이 되면 '사려 깊음, 영향력, 판단력이 육체의 힘이나 기민함을 능가하는 힘을 지니며, 이러한 특징들은 더 풍부해진다'고 한다. 독일 철학자인 Bollnow(1966)는 노년에 대한 부정적 인식에 맞서 '노년이란 자신의 존재를 인식하는 도전의 시기'라고 하였다. 프랑스 실존주의 여류 작가인 Beauvoir(1989)도 노인의 상황은 항상 외부의 관점에서 고찰되었으며, 부정적인 면만이 투사되었다는 것을 신랄하게 지적하여 노인에 대한 새로운 관점을 고찰하게 하는 계기를 마련하였다.

한정란(2005)은 노인인구의 양적 변화로 인한 고령화 사회에서 노인의 사회적 · 질적 향상도 예상하는데, '노인 교육수준의 향상' '노인의 생활방식 변화와 생활수준 향상'과 노인의 정치적 세력과 관련한 '노인의 세력화'를 들고 있다. 이러한 점은 노인에 대한 주제를 부정적인 노인 문제로만 다루던 기존의 연구에서 전진적이고 긍정적 방향으로 전환한 것으로 볼 수 있다.

21세기는 노년기의 사회적, 경제적, 의학적, 복지적, 심리적, 정서적 관점 등의 논의와 개선책 및 해결책에 대한 연구가 중요한 당면 과제로 부각된다. 실제로 노인실태조사와 노인 및 노년과 관련된 다양한 연구들이 매년 증가하고 있다. 노년학은 크게 노인의학 또는 노인병학, 노인간호학, 노인심리학, 노인사회학, 노인 사회 복지학, 노인복지학, 노인교육학 등의 분야로 나눌 수 있다. 우리 나라는 2015년부터 2016년 상반기까지 1년 반 동안 노인 주제 연 구 논문이 2,000여 편 발표되었다(한국교육학술정보원, http://www. keris.or.kr). 노인 연구는 노인 수명, 노화, 노인병, 노인 심리, 평생 교육, 노인의 성과 사랑, 직업, 은퇴, 취미, 가족, 주거 형태, 죽음, 사별, 임종, 심리치료, 미술치료, 음악치료, 물리치료 등 다양한 주 제로 분화되고 있다. 이러한 연구 주제들을 통하여 노인과 노인의 삶에 대한 관심이 그만큼 많아지며, 노인 관련 문제와 더불어 그에 대한 해결 방안을 위한 노력도 증가한다는 것을 알 수 있다.

최근에는 4차 산업혁명의 기술과 맞물려 로봇이 노인을 돌볼 수 있는 기술개발 연구에 세계적 관심이 높다. 이미 일본에는 로봇이 노인의 간병, 운동 및 재활과 정서적 관계를 맺을 수 있는 영역까 지 자리매김하고 있다. 이처럼 노인인구의 증가와 4차 산업 기술 개발로 인한 노인 연구의 영역도 빠르게 확장되고 있다.

2. 노년기의 신체적 관점

노년기는 신체적 노화로 인한 질병이나 장애가 빈번하기 때문에 노인의 건강과 병은 생의 어떤 주기보다 중요한 관심사다. 그러나 다른 한편으로 노인 건강과 병에 대한 관심이 증가하면서 노년기 전반을 병에 대한 불안이나 건강염려증 등으로 연결하는 위험성도 있다. 노년기의 신체적·생리적 기능의 저하과정은 일반적인 현상 이나 노인 개인의 생활습관에 의한 개인적 변인이 건강과 병에 더 중요한 역할을 한다는 점을 간과해서는 안 된다. 따라서 오늘날은 노년기 변화와 특성에 대해 신체적 변화뿐 아니라, 그와 관련된 심 리사회적, 환경적, 문화적 관점을 함께 고려한 연구가 이루어진다 (Baltes & Mittelstraβ, 1992; Lehr, 1991; Petzold, 1985; UNFPA, 2012).

노년기에 가장 빈번하게 발생하는 신체적 질병은 호흡기 질환, 순환기 조직 질병, 뼈와 근육과 결체 조직병, 신진대사 질환, 소화 기 질병, 신경계 질병, 배뇨 및 생식기 장애, 전염과 기생충 질환이 다(Albrecht, 1987). 다음에서 노년기의 신체적 변화와 건강 및 질병 과 관련하여 감각기관, 근골격계, 호흡기계, 심혈관계, 비뇨기계, 소화기계의 특성을 살펴보고자 한다(김정혜 외, 2001; 김효명, 2016; 대한가정의학회, 2010; 대한노인병학회, 2010/2016; 양광희 외, 2001; 유순집, 2010; 윤진, 2001; 한정란, 2005; BMFSFJ, 2001; Carlson, 2003; Menzen, 2004).

1) 감각기관

(1) 피부감각

피부감각은 신체감각의 대표적 감각기관이다. 신체감각은 몸의 외부와 내부에서 일어나는 자극에 대한 정보를 제공한다. 즉, 신체감각은 촉감, 압력, 진동 등과 같은 촉각에 대한 정보를 제공하며, 신체 부위의 위치, 움직임의 정보와 뜨거움, 차가움, 통증에 대한 정보를 처리한다. 이러한 정보가 피부감각의 주요 역할이다.

피부는 인체의 가장 넓은 분포를 차지하는데, 일반적으로 50~55세까지 피부 접촉감지 능력과 촉감능력이 유지되다가, 그 이후로 감각역치가 상승되며 통각의 민감성이 낮아진다. 그러나 통각에 대한 이론은 학자마다 다른 견해를 보이는데, 문화, 인종, 개인 성격과 역할, 환경 등에 따라 다르다는 것이다. 따라서 노인의 통증을 알기 위해 통증의 정도를 다양한 표정으로 그린 통증척도를 사용하기도 한다.

노년기 피부는 지방조직 감소, 콜라겐 결체조직의 감소와 변화, 진피의 혈액순환 감소, 피지 분비활동 감소 및 수분 감소가 진행된다. 따라서 머리카락이 가늘어지거나 탈모현상이 나타나고 피부는 건조해지고 갈라지며 피부 층이 얇아진다. 주름이 증가하고 피부의 상처 회복이 더뎌지며, 피부색은 창백해지고 색소 침착이 증가하여 노인성 반점이나 노인성 자반이 나타난다. 피하조직이 얇아지면서 체온 조절력이 감소하여 체온 유지에 문제를 보이며, 특히 높은 온도나 낮은 온도에 매우 민감하다.

(2) 청각

청력은 연령과 환경에 영향을 받는데, 오늘날은 아동·청소년도 오랫동안 핸드폰이나 이어폰 등을 사용해 청력에 문제를 보이는 경우가 많다. 일반적으로 50세를 지나면서 점차 청력이 떨어진다. 노인은 청력이 약화되면서 고음 수용능력에 어려움을 겪는 반면, 저음에 대한 청력은 유지하는 편이다. 또한 노인성 난청이 심해지면서 소리의 높낮이, 목소리 구별과 청각자극에 대한 지각에 문제를 보인다. 이로 인하여 노인은 큰 소리가 나거나 소음이 있는 장소에서는 혼란을 느끼고 의사소통에 어려움을 겪으며 말을 구별하는 능력도 떨어진다. 그렇기에 노인과 대화나 전화통화를 할 경우 가능한 한 소음이 차단된 곳에서 하며, 집단 상황에서도 개인 대 개인으로 대화를 나누는 배려가 필요하다. 노인은 청력이 저하되면서 TV나 라디오 볼륨을 과거보다 훨씬 높여 듣는 습관이 생긴다. 이러한 습관은 청각자극에 대한 지각력과 관련하여 언어지각에도 나쁜 영향을 미친다.

(3) 시각

시력은 40대 중반부터 나빠지기 시작하여 50~60대에는 96%가 문제를 보인다. 대표적으로 노안, 원시, 수정체 혼탁, 수정체 탄력성 상실, 원근조절 약화 현상이 나타난다. 노년기는 수정체 조절이 감소하여 가까운 곳의 물체가 흐릿하게 보이며 눈의 피로가 증가한다. 눈물샘 분비기능의 감소로 눈의 통증, 이물감 및 건조감이 잦아진다. 피부 노화와 더불어 눈꺼풀이 탄력을 잃게 되면서 시력장애와 눈꺼풀 말림 현상이 나타나 안구 건조감이 심해진다. 그 밖에도 수정체의 황화현상과 각막 표면이 두꺼워지며 액체가 감소한다. 이에 대비하기 위해서 인공눈물을 상시에 지참하는 것이 필요하다. 이러한 원인으로 노인은 명암에 순응하기 어려워지기 때문에 갑작스러운 시각자극에 노출되는 것을 피해야 한다. 또한 노인은 시각 정보에 약하기 때문에, 노인이 있는 공간은 더 밝은 조명을 사용해야 한다.

노년기에는 수정체 혼탁으로 투명도를 잃고 수정체가 노란색을 띠는 노인성 백내장이 많이 발생한다. 노인성 백내장의 증상에는 시력 감소, 시야 감소, 눈부심과 복시현상 등이 있다. 최근에는 백내장 수술의 발전으로 백내장 증상의 고통을 과거보다 수월하게 완화할 수 있게 되었다. 이와 함께 노년기 발병률이 높은 안과질환인 녹내장은 시신경 손상과 안압 상승 및 다른 요인에 의하여 발생하는데, 녹내장으로 인한 실명은 회복하기 어렵다는 점에서 조기발견과 처치가 중요하다. 이런 점에서 노인은 외출할 때 선글라스를 착용하는 습관이 필요하다.

노인은 색채지각에도 변화를 보이는데, 주 증상은 색채판별 능력의 감소다. 이는 동공 크기, 수정체를 통한 빛 전달의 감소, 광수용체나 시신경로의 변화와 관련된다. 이로 인하여 노인은 검정, 갈

색, 남색 등의 어두운 색과 파스텔 색의 구별이 점차 어려워진다. 파장이 긴 빨강, 주황과 노랑에 대한 구별능력은 유지되거나 더 선명하게 보인다. 그러나 파장이 짧은 녹색, 파랑, 보라의 구별은 점차 어려워진다. 예로, 화가 Monet는 백내장을 겪으면서 색을 지각하는 데 문제가 많아지면서 그림에 빨강을 주된 색으로 사용했으나 눈 수술 후에는 파란색 톤을 다시 찾게 되었다.

(4) 미각과 후각

미각은 후각과 밀접한 관련이 있는데, 노화과정에서 쓴맛, 신맛, 단맛, 짠맛에 대한 미각능력이 약화된다. 맛의 구별이 둔화되면서 노인은 특히 단맛과 짠맛에 대한 변별력이 전반적으로 감소한다. 다른 한편으로 노화가 진행되면서 단맛보다 짠맛과 쓴맛의 감각의 둔화가 빠르다는 연구도 있다. 이러한 미각과 후각능력이 손실되면 음식 선택뿐 아니라 영양에도 문제를 일으킨다.

냄새를 감지하는 후각 수용기도 노화가 이루어지면서 냄새 구별능력이 감소한다. 그러나 냄새에 따라 정도가 다른데, 가스와 같은 위험한 냄새에 대한 후각능력은 크게 감소되나 꽃향기와 향수 같은 냄새를 맡는 능력은 유지되는 편이다. 보편적으로 여성 노인이 남성 노인보다 후각능력이 더 빠르게 감소한다.

2) 근골격계

노년기에는 근골격계에 칼슘의 밀도가 낮아져 골격근육, 인대, 건과 근육의 탄력성, 뼈의 무기질과 관절운동이 전반적으로 감소한다. 그 결과 골다공증이 생기고 운동성과 힘이 약해진다. 또한 노년기는 골절사고가 증가하여 치료기간도 다른 세대보다 더 오래 걸린다. 특히 여성은 폐경으로 인하여 남성보다 골 조직이 더 많이 감소한다. 노화과정이 진행되면서 노인은 척추와 등과 어깨가 굽어져 신장 감소를 보인다.

3) 호흡기계

노년기에는 폐 탄력성이 감소하고 흉곽이 경직되는 노인성 흉부를 보인다. 폐활량이 감소하여 적은 양의 운동에도 호흡곤란을 겪는다. 호흡량 감소, 호흡 수 증가, 코 점막 건조, 섬모운동 감소 등으로 폐의 방어능력이 저하되며 감염 확률이 더 많다. 호흡기 기능의 저하로 노년기에는 기관지 질환이 빈번하며 목소리의 높이와 질이 변한다.

4) 심혈관계

노년기에는 전체적으로 심장의 효율성이 감소하는데, 근육긴장도의 감소는 심박동 양의 감소와 관련이 있다. 심혈기관의 적혈구, 일회박출량과 심박출량이 감소하여 피로가 증가하고, 호흡 곤란, 부정맥과 심박동 저하 등의 현상이 나타난다. 노인의 생활태도와 환경은 동맥적응 감소와 심장 수축과 확장, 혈액순환 증가와 관련된다. 노년기에는 혈액순환기관이 좁아지고 심박동 양이 감소한다. 따라서 혈액순환장애로 바로 선 자세에 문제가 있으며, 맥박수 증가와 혈압 상승으로 고통이 따르며, 혈관수축 문제로 뇌출혈의 발병률이 증가한다.

5) 비뇨기계

노인은 노화로 인하여 갈증에 대한 인지능력 저하, 포만감 증가, 방광긴장 증가, 방광수용력 감소 등이 일어난다. 또한 신장의 여과작용과 혈장순환이 감소되며 신장의 나트륨 결손이 일어나고 전립선이 비대해진다. 노년기는 방광 용적이 감소해 소변이 잦아지면서 건조한 상태 유지의 어려움, 빈뇨현상이나 소변을 참기 어려운 긴박뇨현상이 나타난다. 땀이나 이뇨로 인한 수분 손실과 야뇨증세가 증가한다.

6) 소화기계

노년기는 소화효소와 위액 분비 감소, 침샘과 위장운동의 감소와 변화, 치아 상실 및 변화와 구강의 변화가 나타난다. 이로 인하여 씹는 기능의 약화, 소화와 흡수의 어려움과 위장 내의 노폐물 증가를 보이면서 영양결핍의 위험과 변비현상이 동반되며 당뇨의 발생가능성도 높다.

3. 노년기의 신경심리학적 관점

1) 신경계의 구조

노인의 뇌 기능을 이해하기 위해서 신경계의 기본구조를 알아보고자 한다(이원택, 박경아, 2008; 한설희, 2010; Brüggebors, 1992; Carlson, 2003; Dahlberg & Jaffe, 1977; Menzen, 2001; Stirling, 2003; Wald, 1999). 신경계는 중추신경계와 말초신경계로 이루어진다. 중추신경계는 뇌와 척수로 구성되며, 말초신경계는 체성신경계와 자율신경계로 구분된다. 중추신경계는 모든 정보의 연결과 중추 위치와 조절중심과 통합중심을 관장하고 그에 따라 반응한다. 말초신경계에서 체성신경계는 감각 정보를 받아들여 골격근의 운동을 통제한다. 자율신경계는 평활근과 심근과 분비선을 자율적으로 조정하며, 교감부와 부교감부로 이루어진다.

2) 중추신경계의 구조와 기능

중추신경계는 뇌와 척수로 이루어진다. 구조 및 기능은 [그림
1-1], [그림 1-2]와 같다.

(1) 뇌

• 뇌: 뇌의 주요 부위는 전뇌, 중뇌, 능형뇌(후뇌)로 구성되며. 뇌
　는 부분별로 분화하고 성장한다.
• 전뇌: 전뇌는 측뇌실과 제3뇌실이 있는데, 여기에서 다시 종뇌
　와 간뇌로 분류된다. 종뇌는 대뇌피질, 기저핵, 변연계로 구성
　되며, 간뇌는 시상과 시상하부로 구성된다.
• 중뇌: 중뇌의 뇌실에는 중뇌수도가 있으며, 주요 구조물로는

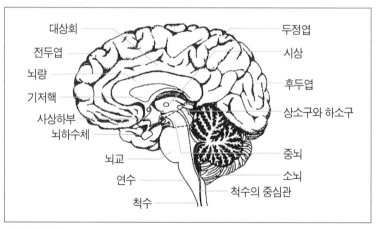

그림 1-1 성인 뇌의 정중시상면(Stirling, 2003: 325)

중뇌개와 중뇌피개가 있다. 중뇌는 2개의 다른 구조에 비해 발달이 느리며, 성숙한 뇌가 중뇌로 불린다.

- 능형뇌(후뇌): 후뇌는 전뇌와 능형뇌가 융기되면서 종뇌, 간뇌, 후뇌, 수뇌가 되면서 생긴 것이다. 제4뇌실에 있으며, 후뇌와 수뇌로 나뉘는데, 소뇌와 뇌교와 연수로 이루어진다.

- 기저핵: 기저핵은 시상의 왼쪽과 윗부분 그리고 시상하부의 위쪽 부분에 있는 회색질이다. 기저핵은 복합구조로서 서로 연결망을 가지고 있어서 운동통제 기능을 가진다. 기저핵은 운동피질과 함께 실제 행동하는 것과 통제하는 것을 결정한다. 따라서 기저핵의 구조물이 손상되면 운동의 통제와 조절에 문제를 보인다.

- 변연계: 변연계도 기저핵처럼 복합구조물로 연결되어 있는데, 해마, 편도체, 중격, 시상하부, 시상, 시상상부 등이 있다. 변연계에 속하는 편도체는 정서행동을 조절한다. 변연계는 인간의 동기와 정서를 담당하는데, 예를 들어 기쁨, 즐거움, 두려움, 슬픔, 분노 등의 감정과 밀접한 관계가 있다. 변연계가 손상되면 정서적으로 부적절한 반응을 보인다. 조현병, 우울증, 불안증 등과 같은 정신병리도 변연계의 손상이나 기능 이상과 관련된다. 그러나 변연계의 일부가 정서나 행동보다 학습과 기억에 관여하는 것으로도 알려지고 있다. 변연계의 구조에 속하는 시상계는 정서의 반응에서 외현적 행동, 자율신경계 반응, 호르몬 분비와 관련된다. 시상하부는 종의 생존과 관련된

행동을 조직화한다.

• 대뇌피질: 나무껍질처럼 대뇌반구를 둘러싸는 피질에는 4개의 엽이 있는데, 두개골의 위치에 따라 전두엽, 두정엽, 측두엽, 후두엽으로 불린다. 전두엽은 뇌의 앞쪽, 다른 세 엽은 뇌의 뒤쪽에 위치한다.

전두엽은 전체 대뇌피질 세포의 30%에 해당하며 인간의 가장 발달된 영역이다. 전두엽은 일차운동피질로 운동통제뿐 아니라, 운동계획 수립과 실행기능, 아이디어 창출, 작업에 대한 기억 등과 같은 정신적 기능을 담당하며, 목적지향적 행동을 실행한다. 언어표현 능력을 담당하는 브로카 영역도 전두엽에 존재한다. 또한 전두엽은 감성적 표현에도 관여한다.

전두엽장애는 무관심이나 탈억제 증상을 유발하며, 좌전두엽 장애로 우울, 시각적 환각에 이를 수 있다. 전두전부 병변은 인격 장애와 정서장애를 일으킬 수 있다. 시각적 환각은 후두엽이나 중뇌, 공격성과 발작은 측두엽 손상, 조증은 우측 시상 장애와 연관된다. 행동, 인지 장애는 대부분 우뇌 손상과 많은 관련이 있다.

두정엽, 측두엽, 후두엽은 지각에 관여한다. 여기에서 일차체감각피질, 일차시각피질과 일차청각피질의 기능이 이루어진다([그림 1-2]). 두정엽은 전두엽 뒤쪽에 있으며, 그 사이의 중심구가 일차체감각피질의 기능을 지닌다. 일차체감각피질은 일차운동피질 뒤에 위치한다. 이곳은 촉각, 압각, 진동감

각, 온도감각의 정보를 담당한다. 두정엽은 촉각과 시각의 정
보를 담당한다. 두정엽에는 신체 부위의 지도가 있어 신체를
대표하는 장소에 해당되며, 시공간 처리와 언어의 일부분도
담당한다. 두정엽은 감각 정보의 통합기능을 맡아 촉각, 시각
과 기억에 있는 정보를 연결한다. 두정엽이 손상되면 대상을
알아보지 못하는 실인증이 나타난다.

측두엽 윗부분에는 일차청각피질이 있어 반대편 귀의 청각
정보를 받아들이며, 듣기, 지각과 기억의 의식화, 언어 정보의
수용과 해석 기능을 담당하는 베르니케 중심이 된다. 좌반구
의 일차청각피질 영역 중에 후측 영역은 소리재인을 담당하는

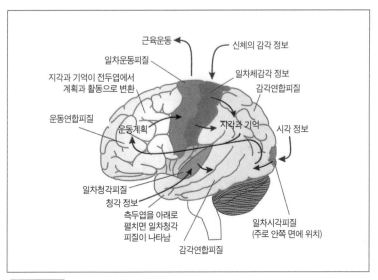

그림 1-2 일차감각피질 및 일차운동피질과 연합피질의 관계(Carlson, 2003: 136)

반면, 우반구의 동일한 영역에서는 색조, 리듬, 정서 등의 비언어적 특성을 담당한다. 측두엽은 청각자극뿐 아니라, 시각대상재인에도 관여한다.

후두엽은 일차시각피질 기능이 있으며 시각 정보를 담당한다. 후두엽 중에는 형태지각, 운동지각과 색채지각을 담당하는 영역이 있다. 우반구 후두엽에 손상을 입으면 왼쪽 시각에 해당하는 자극이 일어나지 않는다.

- **연합피질**: 대뇌반구의 표면을 덮고 있는 대뇌피질인 신피질의 나머지 부분이며, 일차감각 또는 운동 정보를 담당하는 피질 영역보다 더 정교한 정보 처리를 한다. 일차감각피질은 각각의 정보를 해당하는 연합피질로 보낸다. 전두엽의 연합피질은 운동을 계획하고 뉴런활동을 통제하며 근육운동을 조절한다. 전두엽의 연합피질이 손상되면, 운동의 계획과 활동에 문제를 일으킨다. 반면 뇌의 뒤쪽에 있는 연합피질은 지각과 기억과 관련된다. 신체감각 연합피질이 손상되면 사물을 보지 않고 촉감으로 알아내는 데 문제가 생긴다. 시각연합피질의 손상에는 색채지각, 대상재인과 운동지각 등에 어려움을 보인다. 청각연합피질이 손상되면 말의 이해나 언어구사에 어려움이 발생한다.

(2) 척수

뇌와 함께 중추신경계를 구성하고 있는 척수는 척추 안에 보호

되어 있으며 회백질과 백질로 이루어져 있다. 회백질은 세포체로 되어 있고, 백질은 체감각 정보와 운동 정보를 아래위로 전달하는 축색다발로 구성되어 있다.

3) 뇌와 신경계의 노화

노년기에는 뇌의 노화도 이루어지는데, 여기에 '단백, 핵산 및 세포막 지질에 대한 산화성 손상, 에너지 대사장애, 세포 내외 단백 응집체의 축적 등'이 변화한다. 노화과정에서 뇌의 무게가 감소하는데, 일반적으로 60세 후로 매년 0.4% 줄어든다. 세포뼈대와 신경연접에 구조적 변화도 일어나는데, 대표적으로 신경세포 사멸, 수상돌기 수축과 확장, 신경엽접 소실과 재구성, 신경아교세포 활성화가 이루어진다. 혈관성 변화도 노화의 주요 요인이다. 뇌혈액을 공급하는 혈관이 노화되어 혈관이 막히는 동맥경화증이나 혈관이 터지는 뇌출혈인 뇌졸중의 원인이 된다. 뇌관류의 감소는 인지지능 저하를 가져온다. 뇌혈관 구조의 변화는 심장질환, 고혈압과 밀접하게 연관되며, 알츠하이머병의 신경퇴행 과정에도 중요한 영향을 미친다.

4) 우뇌·좌뇌의 기능과 손상

우뇌와 좌뇌는 각각의 고유한 기능이 있다. 우뇌는 감정, 직관,

수동성, 구체성, 공간, 시각, 주관성, 정서, 아날로그, 예술, 이완, 외향성, 정신병 기능과 관련된다. 반면 좌뇌는 논리, 사유, 능동성, 추상성, 시간, 청각, 객관성, 합리성, 디지털, 학문, 긴장, 내향성, 신경증 기능과 관련이 있다(Brüggebors, 1992). 운동과 감각에 관련된 신경회로는 우뇌와 좌뇌에 교차되어 연결되며, 좌뇌 반구는 우뇌 반구를, 우뇌는 좌뇌를 통제한다. 이에 근거하여 오른쪽 신체 및 오른쪽 그림에 중점을 두는 사람은 좌뇌의 기능인 분석적 재능, 그림의 왼쪽을 강조하는 사람은 우뇌의 기능인 감정적, 즉 직관적 재능이 더 있다(Menzen, 2001).

좌뇌 손상은 언어에, 우뇌 손상은 공간 정보에 문제를 가져온다. Stirling(2003)은 언어능력은 좌반구, 공간능력은 우반구의 기능이라는 것이 지배적인 이론이지만 뇌 손상의 정도와 면적 등에 따라 다를 수 있으며, 사례를 일반화하기 어렵기 때문에 분리이론을 절대화하는 것의 문제점을 제기한다. 그는 두 반구가 '무엇'을 담당하고 처리하는 것보다, '어떻게' 처리하는가에 대한 '처리양식'을 중요시한다. 좌반구는 '분석적-순차적', 우반구는 '전체적-병렬적' 처리양식이 우세한데, 두 반구는 상호 보완적인 처리기능을 가진다. 이에 근거한 뇌 자극을 통하여 손상된 뇌의 영역을 배제하지 않고 보완하거나, 손상되지 않은 뇌의 영역을 강화하는 접근이 이루어진다.

뇌는 언어기제와 말하고 쓰는 메시지를 잃게 되면, 정보를 모으기 위하여 시각, 청각, 촉각과 같은 다른 감각들로 방향을 돌릴 수 있다는 연구도 있다(Carlson, 2003). 뇌연구 학자들은 뇌는 모든 영역이 밀접하게 상호 연결되어 있기 때문에, 뇌 손상에 대한 해석은 아주 신중해야 한다고 강조한다. 다음에서 일반적인 사항을 고찰하였다(Menzen, 2001; Stirling, 2003; Wald, 1999).

좌뇌 손상은 기억, 운동 혹은 감각적 실어증, 시간적 상황 파악의 어려움과 관련이 있다. 좌뇌 손상 환자는 일상 활동의 차례를 기억하는 데 문제를 보이기 때문에 옷을 입을 때도 겉옷을 먼저 입고 속옷을 그 위에 입는 경우가 있다.

[그림1-3]에서 좌뇌 손상 환자가 그린 자전거 그림(a)은 전체적으로 불안해 보이고, 융통성이 없이 꼼꼼하며, 강박적인 반복성을 보인다. 또한 좌뇌 손상 환자는 분석능력이 없거나 대상을 거칠게 묘사하기 때문에, 요구된 기본형상을 올바르게 구성할 수 없으며, 순서대로 하는 것도 어렵다.

우뇌 손상은 방향감각, 공간적 조형능력의 문제와 관련이 있다.

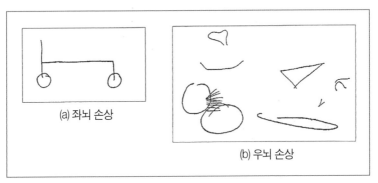

(a) 좌뇌 손상

(b) 우뇌 손상

그림 1-3 환자의 자전거 그림(Menzen, 2001: 68)

예를 들어, 우뇌 손상 환자는 옷을 입을 때 신체와 옷 부분을 맞추는 데 어려움이 있어 바지 아랫부분부터 발을 넣거나, 상의를 입을 때에 머리를 소매로 넣는다. 우뇌 손상으로 일상생활 능력, 부분을 전체와 연결하고 추론하는 데 문제가 생긴다. 또한 사람의 표정과 몸짓을 잘 읽지 못해 타인의 미소에 반응을 할 수 없거나 잘못된 반응을 보인다. 이로 인하여 이들은 일상생활의 어려움이 있으며 정서적 관계에도 문제를 겪는다.

우뇌 손상 환자는 자전거 그림(b)을 그릴 때, 연관성이 없고 단편적 형상을 그리며 형상을 인지하는 데 어려움을 보였다. 이 환자는 전체와 부분의 비율에 대한 인지 문제를 보이며, 따라서 경계 표시에도 어려움이 있다. 우뇌 손상 환자는 미술치료에서 그림을 그릴 때, 인지적, 비유적 조형작업 과정에 심한 혼란과 불안정 상태를 나타낼 수 있으며, 때에 따라서는 공격적이 된다.

Gardner(1976)는 좌뇌와 우뇌 손상 환자의 그림 특징을 다음과 같이 제시하였다(Wald, 1999 재인용).

(1) 좌뇌 손상 환자 그림의 특징
- 대상의 지나친 단순화, 원시주의
- 적절하고 이해할 수 있는 일반적 형태와 구성이 있는 스케치지만 필수적인 세부사항 묘사가 매우 부족한 어린이 같은 표현, 그림의 요소와 입체표현과 단순화된 각도 결여
- 공간감각, 방향감각과 비율감각이 비교적 온전하기 때문에 우

뇌 손상 환자보다 그림이 더 나아 보임
- 환자의 언어장애처럼 더 단순화된 분류와 차별요소 감소

(2) 우뇌 손상 환자 그림의 특징
- 윤곽 상실과 왜곡으로 전체 형태를 거의 인식할 수 없음
- 집의 창문이나 문과 같은 세부사항 유지
- 구성요소들의 공간적 연결 및 관계 왜곡, 세부 요인들의 잘못된 배치, 비율 감각 손상
- 그림의 왼쪽 부분 미완성 혹은 무시함
- 정서 변화
- 세부 묘사에 대한 적절한 인지에도 불구하고, 전체적 형상의 결함

Wald(1999)의 좌뇌 손상 뇌졸중 예술가들의 그림 연구에 의하면, 그들은 심한 실어증의 상황에도 여전히 높은 수준의 그림을 그린다. 또한 우뇌 손상 뇌졸중 예술가들은 발병 첫 몇 주는 캔버스의 왼쪽 부분을 도외시하지만, 몇 달 후에는 도외시했던 부분이 정돈된다고 한다. 그러나 이들은 왼쪽 면에 주의를 덜 기울이며, 선이나 형태가 흐릿하거나 불완전해 보인다. 또한 방어가 느슨해져 주제에 포함될 내용에 대해 통제가 약해지고 전체적으로 더 대담하고 직접적인 표현이 나타난다.

뇌의 노화과정에서 건강한 뇌를 유지하기 위해서는 노년이 되

어서도 정신활동을 지속하는 것이 필요하다는 것은 잘 알려져 있다. 즉, 뇌의 노화를 방지하고 예방하는 데 영양 섭취와 운동 및 신체활동도 중요하지만 두뇌활동을 활성화해야 한다는 것이다. 이는 곧 정신활동을 하지 않으면 그만큼 뇌의 노화 속도가 빨라진다는 것을 의미한다. 여기에 뇌 손상 환자도 예외는 아니며, 미술치료는 뇌 활성화의 동력이 되는 정신활동에 중요한 역할을 한다.

4. 노년기의 심리적 관점

1) 노년기 발달이론

(1) Erikson의 생애발달 이론

Erikson(1959, 1993)은 Freud의 이론과 달리 인간의 전 생애에 걸친 발달에 근거하여 심리사회적 발달이론을 전개하였다. 그의 이론은 Freud의 심리성적 발달에 따른 분류에 근거하고 있으나, 성인기와 노년기까지 확장하여 인생을 8단계의 발달과정으로 보고, 각 과정마다 그 시기에 우세하게 나타나는 특징인 긍정적·부정적 요소와 그에 따른 과업을 제시한다. Erikson의 각 단계의 과업은 '긍정 대 부정'으로 이루어지는데, 인생의 각 주기마다 발생하는 심리사회적 위기를 극복하는 것이 다음 단계의 도약을 위한 중요한 요인이며, 위기에 대한 대처와 적응방법에 따라 긍정적 혹은 부정적 발달이 이루어진다.

1단계의 구강기는 신뢰 대 불신, 2단계의 항문기는 자율성 대 수치심, 3단계의 남근기는 주도성 대 죄의식, 4단계인 잠복기는 근면성 대 열등감, 5단계인 청소년기는 정체감 대 역할혼란, 6단계인 성인 초기는 친밀감 대 고립감, 7단계인 성인기는 생산성 대 자아탐닉으로 분류된다.

Erikson은 인생 주기의 마지막 과정인 8단계를 노년기로 제시하며 구체적 연령은 언급하지 않으나, 이 시기의 특징을 통합(integrity) 대 절망(despair)으로 규정한다. 이 시기에 나타나는 위기는 죽음에 대한 두려움, 자율성 감소, 자기 자신에 대한 절망과 혐오 등의 부정적 면이다. 이 단계의 긍정적 과업은 노년기의 절망감을 극복하는 자아통합인데, 자아통합은 정서적 통합으로서 자신의 삶을 수용하고 책임지는 과업을 의미한다.

그러나 그는 자신도 노년기인 후기 연구(Erikson, 1982, 1988)에서 각 단계의 발달에 따른 건강한 해결방안인 잠재력 및 덕성의 결과를 제시한다. 각 단계의 덕성은 희망, 의지, 목적, 능력, 충성심, 사랑, 보살핌, 지혜로서 노년기에 특별히 요구되는 덕성는 것은 지혜라고 강조한다. Erikson은 이러한 요구란 "죽음에 직면하여 삶에서 성취되고 해결된 관심사"와 같은 것이라고 한다. 그는 혼란스럽고 무기력할 수 있는 인생의 마지막에 나타날 수 있는 지혜의 부정적인 것으로 자만을 제시한다. 그는 노인연령이 높아지고 문화와 가족 및 사회 구조가 급변하는 시대에 노령에 대해 새롭게 보고 새롭게 숙고해야 하며, 여기에 신체, 정신, 사회풍습의 요소를 서로 연결할 수 있어야 한다고 강조한다. Erikson이 제시했던 통합성은 자기 삶의 통합과 온전함의 느낌인데, 이는 이 세 요소가 함께 결속되어야 한다는 것이다.

(2) Havighurst와 Baltes의 전 생애발달 이론

Havighurst(1963)는 인간은 자신이 살고 있는 사회와 지속적으로 상호관계를 가지며, 연령에 따라 사회적 역할과 활동이 다르다는 관점에서 인생 주기를 6단계로 나누어 발달과업을 제시하였다. 그가 제시한 인생 주기 단계는 아동 초기, 아동 중기, 청소년기, 성인 초기, 성인 중기와 성인 후기로 나뉘는데, 노년기는 성인 후기로 60대 이후가 해당된다.

Havighurst의 인생의 마지막 단계인 성인 후기는 사회적 참여에서 멀어지는 사회적 은퇴와 그로 인한 개인 생활의 새로운 역할 등이 주요 과업이 된다. 구체적으로 체력 감소, 은퇴와 수입 감소와 배우자의 죽음에 적응 및 자기 연령집단과의 친밀한 관계 유지, 사회적 시민의 의무 다하기와 만족스러운 삶의 방식 확립이다.

Havighurst는 이러한 노년기를 더 잘 살기 위한 '성공적 노년' 이론을 제시하는데, 노년기의 성공적 삶을 영위할 수 있는 근거는 비활동 이론과 활동 이론에서 출발한다. Havighurst는 성공적 노년을 영위하는 주 요인을 삶의 만족감과 주관적 안녕으로 보며, 더 나은 삶을 위한 출발점은 바로 노인 자신이라고 강조한다.

Baltes(1987)는 전 생애발달 이론을 구체화하면서 심리적 발달
은 생물학적, 인지적, 심리사회적으로 변화한다는 입장이다. 그는
전 생애를 걸쳐 인간의 발달에 영향을 주는 특성을 일곱 가지로 제
시한다. 첫째, 전 생애에 걸친 인간 발달, 둘째, 발달의 다방향성과
다차원성, 셋째, 성장과 쇠퇴로 발달, 넷째, 발달에서 역할의 가소
성, 다섯째, 발달에서 사회-문화적 조건의 영향, 여섯째, 발달에서
연령, 역사, 비일상적 역사적 영향의 상호작용과 일곱째, 인간 발
달의 다학제적 특징이다.

그 이후 Baltes와 Baltes(1990)는 인간이 개인적 발달과 안녕을
증진시키는 방법으로 삶을 어떻게 관리하는지 연구하였다. 이들은
특히 성공적 노년을 위해 적응 발달 모델인 선택(Selection), 최적화
(Optimization)와 보상(Compensation)의 SOC 모델을 제안한다. 선
택과 최적화와 보상 모델인 SOC 생애관리 전략 이론은 모든 발달
단계에서 개인은 선택, 최적화와 보상의 세 과정, 즉 보상이 있는
선택적 최적화(selective optimization with compensation)를 통하여
자신의 삶을 성공적으로 관리한다는 것이다. Baltes와 Heydens-
Gahir(2003)는 'SOC(선택, 최적화, 보상)란 생물학적 노화 또는 가족
및 경력 기능의 과부하에 대한 다른 형태의 도전인 성공적인 적응
을 포함하여 발달 향상과 관련된 인생관리의 일반적인 전략을 특
징짓는 전 생애 모델을 의미'한다고 규정한다.

이에 따라 선택(선택 및 손실 기반), 최적화와 보상과 관련된 행동
을 잘 사용하는 것을 세 가지로 제시한다. 첫째, 발달 향상의 의미

에서 개인의 자원을 증가시킬 수 있고, 둘째, 도전에 직면하여 자신의 기능을 유지하는 것을 도울 수 있으며, 셋째, 닥쳐 온 자원 손실을 규제하는 데 도움이 될 수 있다는 것이다.

Schroots(1996)는 Baltes의 이론을 바탕으로 전 생애발달 이론에서 노년기의 특성을 다음과 같이 일곱 가지로 요약한다.

첫째, 정상적, 병리적, 최적의 노화 사이에 큰 차이가 있으며, 그중 최적의 노화는 발달 촉진과 연령 친화적 환경이라는 조건에서 정의된다. 둘째, 노화과정은 개인차의 변인인 다양성이 크다. 셋째, 노년기는 잠재능력이 많다. 넷째, 예비능력 혹은 적응의 범위에서 노화의 손실이 있다. 다섯째, 개인과 사회적 지식(결정지능)은 마음을 풍요롭게 하여 연령에 따른 유동지능(노화 손실) 감퇴를 보상할 수 있다. 여섯째, 노화가 진행되면서 이득과 손실은 점차 부적 균형을 이룬다. 일곱째, 노년기의 자기(Self)는 대처능력과 품위를 유지하는 탄력적 체계를 여전히 지니고 있다.

2) 인지 특성

노인의 인지기능 연구는 노화에 따른 인지 변화와 행동 변화의 관점에서 다루어지고 있다. Menzen(2004)은 인간의 인지기능은 인생 주기를 통하여 변한다는 관점에서, 노인의 학습능력과 지적 능력을 젊은 세대와 비교하여 제시한다. 그에 의하면 노인은 제한된 시간에 젊은 세대보다 더 힘들게 작업하며, 실패율이 낮은 쪽을 유지하려 한다. 또한 노인은 젊은 세대보다 정보가 적은 상태에서 작업하고, 정보 수립 속도와 작업 속도가 더 늦으며, 정보 해결 및 전이와 소환에 어려움을 겪는다. 노인은 장기적 인지 저장에도 어려움이 있다. 노인의 인지적 특성은 '지능 저하, 기억력 감퇴, 정보 처리의 둔화, 사고의 경직성 증가, 추상적 사고능력의 저하 등'으로 요약할 수 있다(권석만, 민병배, 2002).

그러나 Weinert(1992)는 노인의 인지 특성은 노인이 살고 있는 집단의 문화, 역사 그리고 사회구조의 조건이 중요한 변수로 작용한다고 주장한다. 예를 들어, 새로운 정보의 작업 속도는 작업의 시작, 과정, 강도와 기능적 작용과 관련하여 개인마다 큰 차이를 나타낸다. 그의 연구에 의하면 노인은 새로운 일을 시도하는 능력이 있으며, 훈련 프로그램과 같은 경험을 이용하고 보편적 퇴화현상에 대한 다양한 보완 가능성을 발전시키면 전형적인 노인의 특성으로 여겨왔던 선입견을 극복하고 훨씬 더 큰 가능성을 찾을 수 있다. 그러나 Weinert는 연령이 높아지면서 젊은 세대와 노인 세대의 인지적 차이가 점점 더 커질 개연성이 높다는 것은 인정한다.

Schoeneberg(2002)도 정보 수용, 정보 작업, 정보 저장과 같은 인간의 기본적인 인지기능은 독립적인 생활을 영위하기 위한 기본으로서, 노인도 이러한 발전 가능성을 가지고 있다고 주장한다. 그에 의하면 인간은 신체능력의 쇠퇴에도 새로운 학습을 통한 능력 상승과 지속적 발전이나 능력의 재정립도 가능하다. Schoeneberg도 Weinert처럼 노인의 인지활동은 동기유발과 학습과정의 변화,

다르게 배우는 것, 다른 수단방법의 적용, 보조수단의 적용 등을 통해서 효과적으로 변할 수 있다는 입장이다.

　노인의 업무수행력은 연령이 높아지면서 반비례하는 것이 아니라 67~70세와 78~83세 사이에 낮아지는 것을 볼 수 있지만, 가장 높은 연령까지 증가하는 가변성도 제시된다(Rott, 1990). 따라서 노인의 업무수행력은 개별 요인차가 크다는 것을 알 수 있다. 노년기 업무수행력 요인과 기억 요인 그리고 시각 요인은 직선적 하강이 아니라 하강과 상승을 반복하는데, 뇌졸중과 같은 발병에는 전체 요인이 급격하게 하강한다. 결과적으로 노년기에 연령이 높아지면서 일반적으로 지능이 직선적 하강을 한다는 이론은 더 이상 큰 역할을 하지 못한다.

　Thomae(1987a)는 노인의 인지능력에 대한 질적, 양적 변화는 노인 개인이 지닌 지적 자원의 변화에 대한 반응이라고 한다. Lehr(1991)는 노년기의 변화는 다차원적으로 보아야 하며, 노인의 상태와 노년기 과정의 변화는 유전적·신체적·생리적 요인에 영향을 받지만, 사회적, 시기적 요인도 중요한 역할을 한다고 강조한다. 생활지능 영역에서 볼 때 노인은 실용적 인지능력이 발달하는데, 이는 노인의 지혜와 관련이 있는 것으로 노년기에도 '생산적 발전'이 가능하다는 입장이다.

3) 성격 특성

인간의 성격연구는 일생 동안 변하지 않고 일관적 특성을 지닌다는 입장과 연령의 증가와 사회적 역할에 따라 변할 수 있다는 입장으로 나눌 수 있다(윤진, 2001). 예를 들면, McCrae와 Costa(2003)는 성격 특성은 많은 부분 유전되며, 양육방식이나 특정 시기의 문화변용에 대한 영향은 그렇게 크지 않다는 입장이다. 그러나 이들은 성장에 따른 성격 변화는 근본적으로 크지 않지만, 뇌질환 같은 병으로 인하여 성격이 급변한다는 점은 인정한다.

연령과 사회적 역할에 따른 성격 변화의 시기에 대한 논의는 분분하지만, 노년기의 일반적 성격 변화로는 경직성 증가, 의존성 증가, 내향성과 수동성의 증가, 우울증 경향 증가, 성역할 지각의 변화, 조심성 증가, 친근한 것에 대한 애착심 등이다(윤진, 2001; Lehr, 1991; Weinert, 1992). 특히, 노년기는 자존감과 자아상의 혼란, 상실감, 외로움, 죄책감, 비애감, 불안 등으로 오는 심리적 요인이 성격 변화에 영향을 끼치며, 심할 경우 심리적 장애를 일으키기도 한다. 이러한 변화는 무엇보다 개인의 과거 생활과 심리적·사회적 변화와 밀접한 관계를 가진다. 성격 변화와 더불어 오는 대표적 심리장애는 우울증, 정신분열증, 불안장애, 망상장애, 약물사용장애 등이다. 치매와 파킨슨병과 같은 질환에서도 성격 변화가 동반된다.

Weinert(1992)는 노인의 심리적 특성도 신체적·사회적·문화적인 다양한 관점과 밀접한 연관이 있다는 것을 주장한다. 노인은 객관적 요인인 사회적 생활태도, 삶에 대한 주관적 의미, 미래에 대한 기대에 따라 심리적 특성이 다르게 나타난다는 것이다.

5. 노년기의 사회적 관점

노인사회학자인 Kohli(1992)는 노인 연구의 초기부터 노인을 '사회적 문제'의 대상으로 다룬 것을 비판하면서, 노년을 사회적 문제가 아닌 사회구조 차원으로 고찰할 것을 강조한다. 그에 따르면 현대사회에서 노인을 주로 일과 직업에 근거하여 평가하는 것은 문제가 있으며, 일 외에도 노인생활과 밀접한 관련이 있는 노인의 가족과 친척, 사회적 네트워크, 주거, 교육, 여가 및 소비, 건강, 사회보장 및 복지, 정치 등의 다양한 차원에서 볼 수 있어야 한다는 것이다. Kohli는 노인사회학에서 주로 다루어 왔던 이론적 접근은 노인에 대한 사회적 변화가 주된 원인이었다는 것을 주장하며, 새로운 동향의 연구 필요성을 제시한다.

이러한 추세는 노인에 대한 인식 변화를 위한 유엔인구활동기금(UNFPA, 2012)의 연구나 국민의 병 관리뿐 아니라 웰빙과 건강유지 방안에도 새로운 초점을 두는 정책인 소위 '오바마 케어'로 불리는 미국의 2010년 「환자보호 및 부담적정 보험법(Patient Protection and Affordable Care Act of 2010: PPACA)」에서도 알 수 있다. 이 정책은 시민의 건강 예방을 위한 실제와 혁신적인 접근과 통합적 건

강을 약속하는 것으로 시민의 안녕, 건강 증진 실천, 공공건강제도
와 통합적 케어를 발전시킬 전략을 재구성하는데, 증거에 기초한
특별 프로그램 개발을 강조한다(Stephenson, 2013). 최근 오바마 케
어를 폐지하고 트럼프 케어에 해당하는 「미국보건법」을 시행하려
는 시도가 있었지만 법안으로 통과되지 못하고 오바마 케어가 운
영되고 있다.

노인은 신체적 · 사회적 활동의 둔화로 자신의 삶에 대한 욕
구와 정체성까지 쇠퇴한 것이 아니며, 젊은 세대 중심의 사회에
서 수동적 대상이 아니라 능동적이고 정체성을 지닌 존재로서
사회의 중요한 일원이라는 것을 인식시켜 주는 사례가 증가하
고 있다(Bianchi, 1993; Glaser & Röbke, 1992; Karl & Torarski, 1992;
Rosenberg, 2009; UNFPA, 2012; Zahn, 1993). 이러한 연구는 노인 연
구의 전반적 흐름이 노인에 대한 부정적 인식에서 벗어나 노인 개
인사와 노인의 주변 환경 및 자율적 생활과 노인문화와 관련하여
탐색하려는 시도다. 따라서 노인교육, 노인 주거와 건강, 노인의
성, 노인을 위한 친환경, 퇴직, 사회 · 문화 활동, 여가 등의 다양한
방면에서 노인 연구가 이루어지고 있다.

다음에서는 사회적 관점에서 노인 연구에 기반이 되는 이론을
간략하게 소개하고자 한다.

1) 활동 이론

Havighurst(1963)의 활동 이론에 의하면 '최적의 노년'은 활동적인 생활양식을 유지하도록 노력하는 것과 개인적으로 사회적 관계를 줄이지 않는 것이다(Lehr, 1991 재인용). 이처럼 활동 이론에서 성공적 노년이란 사회적 기능에 초점을 맞추어 노령에도 사회적으로 활동하고, 타인에게 필요한 존재가 되는 것이다. 활동 이론을 지지하는 학자들은 사회적 활동과 삶의 만족도와 관계를 성공적 노년기를 측정하는 척도로 본다. 활동 이론은 노년기에 사회적 역할의 상실을 새로운 역할로 대치하는 관점과 관련된다.

Longino와 Kart(1982)는 노년기 삶의 만족도를 세 가지 활동으로 나누어 측정한다. 첫째, 친구, 이웃 및 친척과의 만남인 '비공식 활동', 둘째, 단체와 협회 등에서 이루어지는 '공식 활동', 셋째, 개인이나 가정에서 이루어지는 취미생활이나 활동인 '개인활동'이다. 이러한 활동 중 삶의 만족도가 가장 높은 것은 '비공식 활동', 그 다음은 '공식 활동'이며, 가장 만족도가 낮은 활동은 '개인활동'으로 나타났다(Lehr, 1991 재인용).

그러나 이러한 활동 이론을 모든 노인에게 일반화하여 적용하는 것은 한계가 있다. 예를 들어, 노인이 공식적, 비공식적 활동을 항상 접할 수 있는 것이 아니며 동기를 갖지 않을 수도 있기 때문에 활동 이론을 사회적 역할로서 주장하기에는 문제가 있다는 비판을 받는다.

2) 탈참여 이론

탈참여 이론의 입장은 노인은 신체적·정신적·영적 에너지가 전 생애를 통하여 지속적으로 감소하고, 은퇴를 통해 사회에서 자연스럽게 분리되며, 본인도 그렇게 되기를 원한다는 것이다. 즉, 활동 이론은 중년기에 적합하며, 노년기는 이러한 활동을 기피한다는 것에서 출발한다.

Cumming과 Henry(1961)는 노인의 기능적인 면이 노인의 생활만족도에 기여한다는 점에 의문을 제기하면서, 노인이 사회적 접촉을 줄이고 상호활동을 기피하는 것은 그만큼 노인의 자유가 많아지는 것을 의미한다는 관점에서 탈참여 이론을 주장한다. 이는 노화로 인한 사회적 은퇴를 자연스러운 현상으로 받아들이는 입장이다. 여기에는 개인적 분리와 사회적 분리가 있는데, 개인적 분리는 노인 스스로가 자신의 상황을 고려하여 사회생활에서 물러나는 것이다. 사회적 분리는 사회적 조건, 상황, 환경에 의해서 개인적 의사와는 별도로 사회가 노인을 분리하는 것이다. 이와 같은 초기 이론은 개인에 따라 달라질 수 있기 때문에 일반적 노화를 사회적 분리에 적용하는 것에 대해 비판을 받았다. 탈참여 이론은 많은 나라에서 연구되면서 나라·문화·개인 간 차이가 있다는 것을 제시한다. Atchley(1989)는 탈참여 이론이 성립되었을 시대의 상황이 노인의 경제적 능력과 공식적 견해가 약했기 때문에 동의할 수 있는 입장이었다고 분석한다(Lehr, 1991 재인용).

Thomae(1987b)는 15년에 걸친 독일의 본(Bonn) 노년학 종단연구에서 노인의 사회적 활동 및 분리와 만족도의 상관관계를 보편적으로 규정짓는 것은 적절하지 않다는 결론에 이른다. 이 연구에서 노인활동의 정도와 만족도의 상관관계는 개인 내 변이를 가진 각각의 역할에 의해 변화를 보인다. 노인 개인의 다양한 상황, 즉 부모, 조부모, 친구, 이웃의 역할은 개인의 성격과 생활 상태, 사회적 능력, 경제적 능력, 건강, 미래의 전망, 인지능력, 관심 영역 등에 따라 활동 이론과 탈참여 이론에 대한 만족도의 관계가 변할 수 있다는 것이다.

3) 현대화 이론

노인의 사회적 지위를 사회적, 문화적 구조 속에서 받아들이는 현대화 이론(Cowgill & Holmes, 1972)은 현대화나 산업화가 진전될수록 노인의 지위와 역할은 정체된다고 보는 입장이다(Kohli, 1992 재인용). 노인의 지위는 전통사회에서 절대적이었으나, 현대화로 인하여 낮아지고 있다는 것이다. 과거 노인은 문화와 전통의 보유자 및 중재자로서 대우받았으나 현대의 노인은 문명의 발전으로 이제까지 전승되었던 노인의 역할을 상실하게 되었다. 이러한 현상에는 무엇보다 경제적 발전, 건강기술의 개발, 도시화와 교육 제도의 상승을 주 요인으로 들 수 있다. 그러나 이러한 현대화 이론은 노인의 다양한 계층, 노인 문화, 성역할 등에 따른 변수를 고려하지 않은 일반화된 견해를 제시하여 비판을 받는다.

현대의 인구구조 변화를 고려해 볼 때, 노인의 역할은 어느 때보다 심도 있게 연구되고 개발되어야 한다. 여기에 노인의 지혜와 창의성을 잠재된 자원으로 이용할 수 있는 사고의 전환이 필요하다.

4) 성공적 노화 모델

성공적 노화 모델은 노화에 대한 보편적인 부정적 인식을 극복하기 위한 것이며, 노화란 결과가 아닌 과정이라는 관점에서 성립되었다. 성공적 노화 모델은 노화에 대한 현대화 이론, 결손 이론과 탈참여 이론의 반작용으로 나타난 것이라고 할 수 있다.

Kruse(1992)는 성공적 노년이란 개인적으로 만족스러운 삶을 유지하는 것으로, 노년에는 이러한 만족감에 비중을 더 두어야 한다고 강조한다. Ryff(1982)는 성공적 노년을 인격 발달의 '최적화' 개념으로 적용하여 노인의 생활에 부정적 특성을 피하도록 한다. 그가 성공적 노년을 위한 지침으로 제시한 것은 새로운 경험에 대한 개방, 자율성, 자신의 감정과 생각의 수용, 타인의 가치와 의견 수용, 환경 지배, 삶의 목적과 개인 성장의 전반적 통합이다.

Baltes와 Baltes(1989)는 인간의 삶을 생산적 단계와 비생산적 단계로 나누어 경제적 척도에 따라 평가함으로써 노인의 업적을 평가절하하는 위험성을 지적한다. 이들은 노화과정과 관련하여, 노인은 노화로 인한 손실이나 상실을 겪음에도 자신의 잠재력을 유지함으로써 노년기의 상실을 보완하여 성공적 노년기를 지낼 수 있다고 주장한다. Menzen(2004)은 이에 덧붙여 노화과정에서 일어나는 노인의 실패 경험과 보상적 성취도 성공적 노화로 인정한다.

Rowe와 Kahn(1998)의 성공적 노화 모델은 개인의 선택과 행동에 좌우되는 것으로 모델의 세 가지 핵심 요소는 '질병과 장애의 예방' '신체적·인지적 기능 유지'와 '적극적인 사회 참여'다. 이 요소들에서 질병과 장애의 예방으로 인하여 높은 수준의 신체적·인지적 기능을 유지하고 그렇게 함으로써 적극적으로 사회에 참여할 수 있다는 전제조건의 순서를 제시한다.

5) 노인을 위한 행동강령

노년기의 다양한 사회적 관점을 논의한 결과를 바탕으로 유엔 인구활동기금(UNFPA, 2012)은 노령화 시대에 노인에게 최대한의 기회를 제공하기 위한 열 가지 주요 행동강령을 다음과 같이 제시한다.

- 인구노령화의 불가피성 인정 및 모든 이해 당사자의 적절한 준비 필요
- 모든 노인은 존엄성과 안정성과 기본 건강과 사회 서비스를 누릴 수 있다는 확신과 개인의 자치권과 독립성 확장

- 노인이 장기도움을 받을 수 있는 커뮤니티와 가족의 지원 필요
- 젊은 세대에게 건강한 습관과 교육 및 취업기회 확신에 대한 투자
- 노령에 대한 비교연구를 발전시키기 위한 국제적, 국가적 노력 지원, 성별과 문화에 민감한 데이터 확보, 이러한 조사를 통한 증거로 정책 입안을 위한 정보 지원
- 노인세대를 모든 성별(gender) 정책에, 모든 성별을 노인 정책에 적용
- 노령 및 노인의 욕구를 모든 국가적 발전정책과 프로그램에 포함
- 노령과 노인의 욕구를 국가의 인도적 대응, 기후변화 경감과 적응 계획과 재해 대응과 준비 프로그램에 포함
- 노령 이슈들을 post 2015 개발 의제에 반영
- 새로운 권리 기반의 노인 문화와 노령, 노인에 대한 사고방식과 사회적 태도 변화를 위한 발전

6. 노년기의 정신적 관점

세계보건기구(WHO)는 '건강한 노년'을 '노년기에 웰빙을 할 수 있는 기능적 능력을 발전시키고 유지하는 과정'으로 규정한다. 이

처럼 노년기에 만족스러운 삶을 영위할 수 있는 건강한 노년이 노인 연구의 중요한 주제며 과제다. 인간은 노년기에 신체적·사회적·경제적 변화를 겪지만, 정신적·영적 영역으로 성장하고 발전할 수 있다는 가능성을 제시한다.

많은 예술가와 학자들, 예를 들어 Cicero, Picasso, Casals, Erikson, Rogers 등은 노년에도 자신의 일을 멈추지 않고 열정적인 삶을 영위함으로써 여전히 정신적, 영적으로 성장할 수 있다는 것을 증명한다. 이들뿐만 아니라 우리의 주변에서도 건강한 노년을 지내는 노인을 어렵지 않게 만날 수 있다.

Petzold(1985)도 인간은 나이가 들면서 병이나 여러 가지 문제가 생기지만, 노년기까지도 성장과 발전 가능성이 있다고 주장한다. 그는 노인의 창조적 활동이 중요한 요인이라는 것을 제시하며, 이러한 활동이 사회적 네트워크, 의사소통 영역의 회복, 긍정적 자기 구상의 개발, 내면의 적에 대항하는 힘을 기를 수 있다고 강조한다. 독일의 본(Bonn) 노년학파가 실시한 종단연구 결과에 따르면, 자신이 건강하다고 느끼는 노인은 자신이 건강하지 않다고 느끼는 노인에 비해 훨씬 더 높은 긍정적 자아상과 적극성과 행동력이 있으며, 사회적 환경을 수긍하고, 사회에서 더 인정받으며 독립적 생활을 영위한다(Lehr & Thomae, 1987).

Baltes와 Baltes(1989)는 인간의 삶에서 연륜을 통해 익힌 '노인의 지혜'가 중요한 것이라고 강조한다. Erikson(1982, 1988)도 자신이 노인이 되면서 노년기의 특징으로 제시한 '통합'에 '지혜'를 덧

붙인다. Lehr(1991)는 노년기의 경험과 행동의 변화는 노년에 이루어진 것이 아니라, 인생의 앞 시기에 시작한 발달과정의 연장 단계로서 전 생애를 걸쳐 경험한 자신과 환경에 대한 태도이자 표현 방식으로 이해되어야 한다는 입장이다. 노인은 문화와 사회의 변화와 동떨어진 존재나 개인 삶의 단계와 분리된 것이 아니라, 그러한 변화와 과정의 흐름에서 '자신의 존재를 개발시키고 사회문화적 주체자'(Veelken, 1990)로서 또한 자기 삶의 주체자로 삶을 영위하는 존재다. Ruppert(2016)는 노인은 자신의 나이에 맞게 "삶의 단계마다 존재하는 기회와 위험을 알고 그것을 미래를 위해 사용할 줄" 알 때 성숙한다고 강조한다. 그는 노년기에 '성취할 매력적 목적'과 '풍요로운 결실을 맺기 위한 삶의 각 단계를 잘 마무리하고 또 새로 통합할 수 있는 방법'에 대해 전한다. 노인의 과거 기억은 현재를 거부하는 것이 아니라, 자신과 하나되는 것, 통합되는 것, 무의식적 순환의 표시(Linde, 2004)기 때문이다.

Cicero(2002)는 노인이 되면서 인간의 "욕망, 야망, 다툼, 불화, 모든 열망" 등의 전쟁을 치른 후에 "마음이 자기 자신 곁에 있고, 소위 마음이 자신과 함께 사는 것은 얼마나 좋은 일인가"라고 설파한다. 그는 어떤 쾌락보다도 정신적 쾌락이 더 크다는 것을 강조한다. 또한 그는 노년이 죽음에 멀지 않다는 것에 대하여 누구든 "주어진 삶의 시간이 어떠하든 간에 그것에 만족해야 한다."고 역설한다. 죽음은 모든 사람이 공유하는 것이기 때문에 노인이라고 그에 대한 비난거리가 되지 않아야 한다는 것이다. 인생의 마지막 단계는 "열매를 추수하고 저장하기에 알맞은" 시기로서, 노인이 되어 죽는 것은 자연의 섭리에 따르는 것이며, 노인이 이룬 결실이란 "앞서 이루어 놓은 좋은 것들에 대한 풍부한 기억"이다. Cicero는 죽음에 다가가는 것은 "오랜 항해를 한 뒤 육지를 바라보면서 마침내 항구에 들어서는 것"과 같으며 이는 성숙함이 노인의 생명을 가져간다는 지혜를 알려 준다. '1명의 노인이 죽을 때, 1개의 도서관이 불타 버린다.'는 아프리카 속담은 Cicero의 노년에 대한 위대한 사색을 함축하고 있다.

제2장
노년기의 창의성

1. 창의성의 특성과 창의적 인간

1950년대 Guilford(1950)가 창의성 발견과 창의적 인성에 대한 연구를 발표한 이래, 오늘날 창의성은 모든 영역의 핵심 요소가 될 정도로 관심이 높다. 이제 우리는 창의성이란 신이나 예술가나 천재의 영역만이 아닌 모든 사람에게도 잠재되어 있으며 개발될 수 있다고 여긴다.

Maslow(1991)는 창의성은 인간의 고유한 특성이자 잠재력으로서 건강한 인성을 세상에 투영하는 표현양상이나 활동으로 나타나는 것이라고 한다. 그는 창의적 표현은 '자기성장'과 '자기수용'을 증대시킨다고 강조한다. Brodbeck(1995)은 창의성이란 모든 인간에게 내재된 활기찬 가능성이자 특성으로서, 창의성의 긍정적 원천은 항상 존재하기 때문에 삶 자체가 창의적이라고 역설한다.

Matussek(1974)은 창의적 특성으로 '아이디어의 유동성, 독창성, 창작력, 탐구력, 새로운 것에 대한 관심, 풍부한 상상력, 개혁적 태도, 판타지, 방향설정 제시, 지능' 등을 제시한다. 그는 이러한 것들을 '독창성' '생산성' '형상화'의 세 개념으로 압축하면서 이들의 밀접한 관계를 통하여 창의성이 드러난다고 하였다. 이는 Brodbeck(1995)이 창의성은 창작품뿐 아니라, 창작품을 실현하기 위한 방법까지 포함해야 한다는 견해와 같다. Gardner(1999)는 사람들이 문제를 해결하고 작품을 만들거나 어떤 영역에서 처음에는 개인적이지만 결국의 1개나 그 이상의 문화적 세팅을 수용하는 방식에서 이슈를 만들 때 창의적이라고 한다. 그는 지능과 창의성의 관계를 부각시키는데, 이 둘은 문제해결과 창의적 생산물을 포함한다.

창의성의 특성이 새로운 아이디어와 그것을 실현하는 과정을 포함할 때, 과정에 대한 접근은 현실화와 관련된다. 이런 현실화 능력은 우리가 창의적 삶을 영위할 수 있다는 증거다. 인간의 잠재적 창의성에 주목한 May(1987)도 창의성은 세상에 자신의 존재를 충실하게 드러내려는 인간의 기본적 표현으로, 이는 '제작과정'으로 이어진다는 것을 강조한다. Bachmann(1993)은 창의성의 주요 요인을 판타지, 꿈, 연상 혹은 감정에 몰두하는 것에 한정짓지 않고, 그러한 내용을 현실화할 수 있는 것까지 포함한다는 입장에서 '창의적 훈련'을 중요하게 여긴다. '창의적 훈련'은 '자기와의 접촉'을 가능하게 하고, 이를 통하여 창의적 인간은 자신에게 몰두하며, 자기를 잊을 수 있고, 자기 존재와 활동을 위한 동기를 발견하는 기회를 갖게 된다. Bachmann은 이러한 과정을 통해 자아가 성장한다고 강조한다. 이는 '창의적 활동이란 단순한 활동이 아니라, 끊임없이 반복하고 집중하는 자기비판적 활동'이라는 Brodbeck (1995)의 견해도 Bachmann의 관점과 일맥상통한다. 이러한 점은 미술치료 과정에서 내담자의 활동을 통해 직접적이며 실제적으로 만날 수 있는 중요한 특징이기도 하다.

Csikszentmihalyi(1996, 2003)는 창의적 업적은 순간적 통찰로 이루어지는 것이 아닌 오랜 노력의 결과로 보았다. 그는 인간에게 창의성이 필요한 이유를 제시하는데, 창의성은 사회의 문화를 풍요롭게 하여 인간의 생활수준을 향상시키며, 인간이 보다 흥미롭고 생산적인 인생을 사는 방법을 배울 수 있게 하고, "우리는 왜 사는가?"라는 질문과 활기찬 삶의 모델을 제공해 주기 때문이라는 것이다. Maslow(1991)는 창의적 인간의 특성은 억제하고 제한하는 것이 적으며, 무엇에 잘 매여 있지 않고 쉽게 순응하는 편이 아니면서도, 그렇지 않은 사람보다 더 자율적이고 자연스러우며 더 인간적이라고 한다. 그는 창의적 능력이란 대립되는 것을 통합하는 능력으로, 이는 인성의 내적 통합과 관련되기 때문에 창의적 인간은 '자기실현'을 이룬다고 역설한다.

Brodbeck(1995)은 창의적 활동과 과정의 중요성을 언급하면서, 창의적 인간은 '새로운 것을 고안하기 위해 많이 생각해야 하며, 새로운 것을 실행하기 위해 많은 것을 행할 것'을 강조한다. 그는 창의적 인간의 두 가지 특성으로, 첫째, '자신의 활동에 매우 집중할 수 있으며, 특정한 작품이나 활동을 성취하기 위해 아주 다양한 시도'를 하는 것, 둘째, '어려운 상황에도 자신의 창의적 특성을 발휘'하는 것을 제시한다. 이는 Bachmann(1993)이 '모든 인간에게 내재하여 활성화시킬 수 있는 창의적 잠재력은 자신의 삶을 만들어 가고 자신이 처한 어려움을 극복하는 특성'을 지닌다는 입장과 같은 맥락이다.

Rogers(1991)는 심리치료에서 내담자에게 창의성을 장려하는 것을 중요하게 여겼다. 그는 내담자가 창의력이 향상되면서 심리적으로 변화되는 것을 발견함으로써 인간의 창의적 능력이 치료와 연결될 수 있는 것을 믿었다. 그는 내담자의 잠재된 창의적 요소를 '경험에 대한 개방성' '내적 평가의 여지'와 '구상한 것을 다룰 수 있는 능력'(정여주, 2014 재인용)으로 제시한다. '경험에 대한 개방성'은 심리적 방어와 반대되는 것으로, 경직되지 않고 융통성이 있으며 이중 의미나 다중성을 허용하고 다양한 정보를 수용하는 능력이다. '내적 평가의 여지'를 가진 창의적 인간은 성취에 대한 가치를 타인의 칭찬이나 질책에 좌우되지 않고 자신이 결정한다. 계획하고 '구상한 것을 다룰 수 있는 능력'은 유희적 능력으로 아이디어, 색, 형태, 관계를 즉흥적 놀이로 연결할 수 있는 능력이며, 이

를 통하여 삶에 대한 창의적 예견에 이를 수 있다고 Rogers는 강조
한다.

　이와 관련하여 창의성의 실현은 창의적 능력을 발휘할 수 있는
개인의 인성에 근거하는데, 여기에 '용기와 자기신뢰'(Brodbeck,
1995; Schäfer, 1973)가 중요한 요인이 된다. 그러나 무엇보다 자신
의 일과 관심 영역을 무조건적으로 사랑하고 몰입하며 즐길 줄 알
아야 창의성과 만나게 된다.

2. 노인의 창의적 활동과 의미

　노인의 삶에 창의성은 어떤 의미를 지니는가? 이 주제는 필자의
오랜 관심사다. 90대의 한 노인은 하루가 심심하다고 느낀 적이 없
다. 그는 아내와 함께 자율적인 생활을 한다. 아침에 가벼운 운동
을 하고 10년이 넘게 알츠하이머를 겪는 아내의 세수 및 옷 입는
일을 도와주고 아침식사를 준비한다. 식사 후에는 신문을 보고 붓
글씨를 쓰며 아내는 만다라를 그린다. 오후에 노부부는 산책을 하
고 책을 보거나 TV를 시청한다. 노인은 매일 일기를 쓰고 새로운
것을 배우는 것을 즐긴다. 그는 젊은 시절부터 일기를 쓰는데, 나
이가 들면서 일상의 일보다는 하루의 생각들, 반성들을 자주 쓰게
된다. 노인은 스마트폰 용어와 젊은이들이 사용하는 새로운 언어
를 메모해 두고 자녀와 손자녀들에게 질문하며 사회 변화에 대한

관심과 지적 호기심은 어떤 젊은이 못지않다. 노인은 손 편지를 쓰고 우표를 붙여 편지봉투를 우체통에 넣는 설렘을 간직하고 싶어 한다. 그는 젊은 시절에 눈여겨보지 못했던 사물들이 더 생생하고 경이롭게 보인다고 한다.

90이 넘은 노인이 일상활동을 하고 세상에 대해 관심을 갖고, 자신이 좋아하는 것을 규칙적으로 하며 글쓰기를 통해 자신의 삶을 되돌아보고 관심 있는 것에 경이로움과 호기심을 잃지 않는 면에서, 그는 창의적 삶을 살고 있다. 이러한 창의적 생활은 노인의 연령과 상관이 없다고 여겨진다. Zink는 노년기를 "우리 삶의 한계를 거슬러 우리 안의 어떤 새로운 것이, 어떤 위대하고 놀라운 것이 시작되려 한다. 그것은 마치 내 안에서 성장하고 싶어 하는 어린아이와 같다. 쇠퇴를 넘어서, 끝을 넘어서 머무르는 것이 삶이다."(Ruppert, 2016 재인용)라고 하였다.

창의성이 노년기 삶의 연장을 보장하지는 않는다고 말하는 사람들이 많다. 그러나 창의적 생활을 하는 노인은 삶에 집중하며 죽음에 대한 두려움과 걱정에 매이지 않을 것이다. 나아가 창의적 노인은 창의적 일상을 통해 삶과 존재의 중요한 의미를 체험하며 삶의 질을 개척할 수 있다. 이러한 삶의 태도가 바로 웰빙을 넘어 행복한 삶의 질을 추구하는 '네오 웰빙'의 특성이다. Cicero(2002)는 노년이 불행하게 보이는 이유가 '일을 할 수 없는 것' '몸이 더 약해지는 것' '모든 쾌락을 앗아가는 것' '죽음에 멀지 않다는 것' 때문이라는 일반적인 견해가 타당하지 않다고 지적하는데, 이는 노년기의 창의적 삶을 위해서도 다시 새겨볼 필요가 있다. Cicero는 중요하고 유익한 일은 "육체의 힘이나 재빠름이나 기민함이 아니라, 사려 깊음과 영향력과 판단력"이며, "노년이 되면 이러한 특징들이 빈약해지는 것이 아니라 오히려 더 풍부해진다"고 한다. Cicero는 노년이 되면 육체적으로 약해질 수 있으나 지적으로 몰두하고 노력하는 것의 중요성을 강조한다.

Cicero의 노년에 대한 사색은 인간의 창의성과 밀접한 관련이 있다. 창의성은 위대한 발명가나 예술가만의 특성이 아니라 모든 인간에게 내재된 욕구이자 잠재력이며, 노인이라고 이러한 특성에서 제외될 수 없다. 오히려 노년기의 창의성은 인생 과정의 모든 시도에 열매를 맺는 성숙함과 연결될 수 있다. 그러나 창의성은 이제까지 아동기와 청소년기에 개발하여야 하는 중요한 과제라고 알려져 왔으며, 노년기 연구 주제로는 간과되거나 도외시되어 왔다.

Thomae(1987b)와 Schuster(2000)는 노년에도 다양한 활동량과 활동 방향이 지속적으로 유지될 수 있다는 연구 결과를 제시하며, 창의성과 연령의 상관관계가 높지 않다고 하였다. Wald(2003)의 경험에 의하면 미술표현의 창의적 과정은 노인에게 새로운 에너지와 잠재력을 다시 불러일으킬 수 있다. 창의성은 모든 인간에게 잠재되어 있다는 점에서 볼 때, 다양한 인생 행로를 지나온 노인은 자신의 삶을 표현하려는 욕구가 다른 세대보다 더 많이 축적되었거나 잠재되었을 수 있다. 이는 아동기나 청소년기의 생리적, 지적, 심리적 변화 및 수용 가능성 정도와 비교하는 것이 아니라, 여러 형태의 인생 주기를 지나면서 경험하게 되는 노년기 삶의 총체적인 내용과 연결하는 것이다.

Picasso가 어느 인터뷰에서 "나는 찾지 않는다. 다만 발견할 뿐이다."라고 한 말을 Gombrich(2003)는 Picasso는 '창조 그 자체가 탐구라는 것을 당연한 사실로 받아들였다.'고 해석한다. 이는 노인은 자신의 인생에 간과했던 것들 혹은 표현하지 못했던 것을 다시 발견하는 창의적 활동을 통해서 생의 마감까지 탐구의 과정을 포기하지 않는 것과도 연결할 수 있다.

노인은 인생의 다양한 단계에서 결정해야 하는 일들을 경험하였고, 결정을 위한 내적 집중력과 융통성 있는 대안 등의 과정을 겪게 되는데, 바로 그 자체가 창의적 과정으로 연결된다. 노인은 이러한 '창의적 과정'을 경험하고 시행착오와 성취와 자기반성을 통해 궁극적으로는 '지혜'(Erikson, 1988; Lehr, 1991; Weinert, 1992)에 이를 수 있다. 노년기의 창의적 활동은 삶의 회상 및 기억과 밀접한 관련이 있으며, 이러한 것들은 인생에서 창의적 결정을 내린 상황과 연결된다. 또한 회상이 후회와 아쉬움, 자부심 등의 감정으로 혼재되어 있을지라도, 현재와 미래를 내다볼 수 있는 지혜로 이어질 수 있다. 우리는 노인의 이러한 축적된 창의적 내용을 새로운 시선으로 보아야 하며, 그것을 드러낼 수 있는 기회를 제공해야 하고 노인 스스로도 찾고 발견해야 한다.

다른 한편으로 노인은 습관적인 일상생활로 인하여 자신의 내적 욕구를 느끼거나 들여다보는 것에 익숙하지 않을 수 있으며, 그러한 경험을 도외시하고 시도하지 않음으로써 자신은 창의성과는 거리가 멀다고 스스로 판단하는 경우도 적지 않다. 이러한 일반화가 노인의 심리적 · 사회적 특성에 영향을 끼쳤다고도 할 수 있다. 또한 초기 노인 연구가 노인의 문제에 더 비중을 두었기 때문에, 노인의 잠재력을 찾거나 그러한 잠재력을 개발하는 프로그램의 부재에도 영향을 주었다.

오늘날 많은 분야의 관심 주제인 창의성 연구는 인간의 문제와 부정적 상황을 탐구하는 것이 아니라, 인간의 건강한 기능과 잠재력과 같은 긍정적인 면을 탐색하고 재발견하려는 시도를 한다. 따라서 노인의 창의성에 대한 주제는 노인의 잠재력, 욕구, 인생경험을 탐구하여 노년기 삶의 의미를 발견하는 데 중요한 역할을 할 수 있다. 나아가 이러한 주제는 성공적 노년을 안내하는 중요한 요인이 된다. 뿐만 아니라 노년기에는 젊은 시기에 품고 있던 창의적 욕구를 실현하고 즐길 수 있는 환경과 시간을 가질 수 있는 이점이 있다. 노년기에 접어들어 자신이 하고 싶었던 것을 하는 창의적인 노인들을 우리는 주변에서 쉽게 만날 수 있다.

노인에게서 창의성의 의미를 찾는 것은 노인이 지닌 자원, 인생의 의미, 존재의 의미를 탐구하는 것(Frankl, 1985)이다. 노인의 창의성 탐색은 노인에 대한 사회적 · 경제적 · 신체적인 면에 대한 선입견과 일반화가 아니라, 개인에서 출발하는 시도를 함으로써 이제까지 도외시되어 왔던 노년기의 자원을 발견하는 것이다. 이에 따라 노인에게 창의성은 지나온 삶과 현재의 삶 그리고 인생을 정리하는 시기에 자신과 만날 수 있는 기회를 제공할 수 있다.

　May(1987)는 창조과정의 가장 중요한 것은 만남이라고 본다. 이는 자신과의 만남, 환경과의 만남, 나아가 타인과 세상과의 만남을 생각할 수 있다. 여기에는 과거의 기억 또는 잊고 있었던 것들과의 만남도 포함되는데, 노인에게 이 부분은 중요한 의미를 지닌다. 또한 노인은 이러한 창의적 만남을 통하여 과거에만 머물지 않고, 과거를 현재화할 수 있으며 자신의 삶이 현재와 연결되어 있음을 체험한다. Matussek(1974)은 창의성을 자기와의 만남인 '자기 선물'이라고 하면서, 창의성의 특성은 한편으로는 수용하고 보존하고 선물을 받는 것이며, 다른 한편으로는 의식화 또는 자아와는 동일시되지 않는 것을 보유하는 것이라고 한다. 그에 의하면 창의적 과정은 '온전히 깨어 있는 자기(Selbst)'며 '자기 존재의 중심'과 '정신의 가장 내적인 절정'에 있는 것이다. 노인이 창의적 과정을 통하여 자신과 만날 수 있는 기회는 삶을 통합적으로 볼 수 있는 계기가 된다.

　인간의 가능성에 대한 탐구는 인간의 발달 상황뿐만 아니라, 인간의 위기 상황에서도 중요한 역할을 한다. 인간에게 내재된 창의성은 심신이 건강한 상태에서도 발휘될 수 있지만, 고통과 위기의 상황에 직면하게 될 때 더 힘을 발휘하는 사례를 우리는 많이 접한다. Kast(1999)는 인간은 위기에 처하거나 해결해야 할 문제에 직면하게 되면 창의적이 될 수 있다는 입장을 치료적 접근에 적용한다. Erikson의 이론처럼 인생의 각 단계마다 삶의 위기를 직면하지만, 노년기는 다른 연령기와 비교하였을 때 일반적으로 고립감, 병, 소외감, 상실, 죽음에 대한 불안 등의 위기를 더 자주 겪을 수 있는 상황이다.

그러나 위기와 창의성과 치료적 개입의 밀접한 관련성을 주장하는 Kast의 견해를 노인미술치료에 적용함으로써, 노인이 겪는 위기 상황이 창의적 자기를 실현하는 전환점과 기회가 됨을 보여 줄 수 있다. Goya, Klee, Monet와 같은 화가가 보인 노년기의 창의적 활동에는 재능뿐 아니라, 위기 상황에도 삶에 대한 창의적 태도가 그러한 동인을 주는 중요한 역할을 했다.

Klee는 말년에 피부경화 투병을 하면서도 제2차 세계대전의 암울한 상황과 죽음에 대한 두려움과 생에 대한 희망을 수천여 점 넘게 그렸다. 그는 사망하기 한 해 전에 "이렇게 많은 그림을 그린 적이 없으며, 이보다 더 집중적으로 그린 적이 없다……." (Museum Folkwang Essen, 1989)라고 썼다. 그해 그가 그린 작품 수는 1,253점에 이른다. 그에게 노령과 병은 예술활동에 장애가 되지 않았으며, 오히려 병의 고통을 겪으면서 더 높은 의식과 영성으로 예술혼을 발휘했다. Gombrich(2003)는 이에 대해 Klee는 '유머러스한 실험과 예술적 탐구를 궁극적으로 결합한 대표적 예술가이며 미술가이자 창조자'라고 한다.

Schuster(2000)는 창의적 활동이 노인의 자기상에 긍정적인 영향을 끼치는 것을 언급하는데, 이러한 활동에는 창의성의 새로움과 독창성보다 활동의 의미가 더 중요한 요인이 된다는 것이다. 그렇기 때문에 창의적 활동은 보통 창의성과 관련한 창작 및 창작품에만 중심을 두는 것이 아니라, 자기 자신의 삶과 대면하여 심리적 안정과 즐거움 및 정신적 성숙과 연결되어야 한다. 특히, 예술은 노인의 창의성을 회복하거나 유지 및 개발할 수 있는 중요한 영역이다. 이러한 예술활동은 '개인적 삶의 만족감'(Sprinkart, 1979)에 기여할 수 있다. Mann 등(1995)은 노인 영역의 활동을 더 이상 노인 간호, 이야기 나누기 등으로 한정할 것이 아니라, 노년에 정서적으로 활기를 가져야 한다는 입장에서 노인의 예술을 통한 창의적 활동 경험의 중요성을 보고한다. 이들에 따르면 노인은 새로운 사회적 접촉 기회를 찾기 어렵고 사회적 역할 상실을 대신할 만한 것을 발견하기 힘들며, 의미 있는 일이나 즐거움을 찾기가 쉽지 않은데, 이 시점에 의미 있는 창의적, 문화적 활동이 자신의 정체성을 찾는 데 중요한 역할을 한다는 것이다.

  독일 쾰른대학교(Universität zu Köln)는 1992년에서 1994년까지 60세에서 89세까지의 장애노인과 비장애노인 12명이 참여한 '노년기의 창의성과 회상(Kreativität und Reminiszenz im Alter)' 프로젝트를 실시하였다(Chung, 1995). 이 프로젝트에서는 노인의 잠재력과 인성의 발전과 자기실현과 의사소통과 참여성을 깨우고 재발견하는 것을 목적으로 다양한 예술 프로그램이 제시되었다. 필자는 미술 영역을 담당한 연구자로서 프로젝트를 통하여 예술에 대한 민감성, 아름다움에 대한 개방성, 감동능력, 창의성의 가능성을 개발하는 것은 노인의 연령과 큰 관련이 없다는 것을 확인할 수 있었다.

이 프로젝트에서 예술활동은 노인의 한계성에 대한 편견을 극복하는 중요한 요인이 되었다. 프로젝트 참가자는 신체적으로 건강한 노인들과 선천적, 후천적으로 청각장애, 지체장애, 지적장애, 건강 문제를 지닌 노인들로 구성되었는데, 여기에서 장애가 활동에 걸림돌이 되지 않았다. 예를 들어, 사고로 신체적 장애와 그에 대한 후유증으로 우울하고 의욕을 상실한 여성 노인 참가자는 예술활동을 통한 자신의 경험을 전달한다. 즉, '내가 특별하게 느낀 것은 내 스스로 어떤 것을 성취했다는 것입니다. 이 활동 동안 어떤 새로운 비약을 한 느낌입니다. 노년기에 새로운 어떤 것을 할 수 있다는 것이 나에게 큰 기쁨을 줍니다.'(Chung, 1995)

이를 통하여 노년기란 전체 삶에서 '분리된 삶의 일부분'(Wieland, 1993)이 아니라, 인생의 전체 과정 안에 연결되어 있다는 것을 보여 준다. 또한 예술활동은 인성을 지속적으로 개발할 뿐만 아니라, 노년기를 '자기 삶의 주기에 통합'(Erikson, 1992)하는 기회를 제공할 수 있다는 것을 확인하게 된다.

제3장
노년기 장애

1. 치매(주요 및 경도 신경인지장애)

1) 치매의 정의

노년기에 빈번하게 발생하는 정신장애 중의 하나인 치매(dementia)는 중추신경의 손상에서 일어나는 만성 또는 진행성 질환으로 "기억력 장해를 포함한 복합적인 인지 결손"(DSM-Ⅳ)의 특징을 보인다. 이러한 증후로 일상생활의 어려움이 지속될 때 치매로 볼 수 있다. 최근『정신질환의 진단 및 통계 편람 제5판(DSM-5)』(2013/2016)에서는 치매 용어 대신 '주요 및 경도 신경인지장애'로

명명한다. 그러나 DSM-5에서는 '치매'라는 용어가 의사, 환자, 일
반인에게도 익숙하게 사용되어 그러한 연속성을 위해 용어를 배제
하지 않고 계속적으로 사용한다는 단서를 붙인다.

2) 치매의 원인

치매의 원인을 알아내기 위한 많은 연구가 이루어지고 있지만,
아직도 통일된 원인 규명은 없는 상태다. 그럼에도 오늘날 치매의
원인과 증상에 대한 연구는 어느 때보다 활발하게 이루어지고 있
다. 이제까지 연구에 의하면 치매의 원인은 수많은 질병에 근거하
는데, 다음과 같이 다양한 학설로 제기된다(APA, 2013/2016).

첫째, 뇌신경 세포의 노화에서 치매의 원인을 찾고 있다. 대표적
으로 알츠하이머병과 파킨슨병이 있다. 둘째, 후천성 뇌질환을 원
인으로 보는 가설이다. 여기에는 혈관성 치매, 다발성 경화증, 뇌
종양, 외상, 뇌수종 등이 있다. 셋째, 기타 가역 가능성의 질병에
근거한다. 이 질환에는 대사질환, 감염, 독석과 영양장애, 주요 우
울증이 치매 병인이 된다.

3) 치매의 종류

치매의 대표적인 형태는 알츠하이머병과 혈관성 치매로, 이
에 대해 살펴보면 다음과 같다(권석만, 민병배, 2002; 서국희, 2016;

연병길, 1996; 정지향, 2016; 한국노인문제연구소, 1996; APA, 1994 & 2013/2016; Menzen, 2004)

(1) 알츠하이머병

① 알츠하이머 정의

알츠하이머는 '대뇌피질세포의 점진적인 퇴행성 변화로 현저한 뇌기능 저하를 보이면서 기억력 장애, 언어장애, 판단력 장애, 시공간적 감각장애 등으로 성격도 변화되어 결국은 환자가 스스로 독립적인 일상생활을 영위할 수 없는 질환'(서국희, 2016) 혹은 '주요 및 경도 신경인지장애의 일반적 증후 외에 인지 및 행동 증상이 서서히 시작하고 점진적으로 진행하는 것을 포함'(APA, 2013/2016)한다. 알츠하이머병은 전체 치매 환자의 50~80%를 차지한다(서국희, 2016).

② 유병률

DSM-IV에서는 65세 이상에서는 2~4%가 알츠하이머 치매로 다른 유형은 드물다고 한다. 알츠하이머와 혈관성 치매는 고령화에 따라 증가하고 75세 이상 환자가 많으며, 85세 이후에는 유병률이 20% 이상이 된다(APA, 1994). 그러나 DSM-5에서는 65세에는 유병률이 1~2% 수준이나 80세 이후에는 30% 정도로 증가하는데, 경도 인지장애의 유병률은 다양하며 65세에서 2~10%, 85세에서 5~25%가 된다고 한다(APA, 2013/2016).

미국 인구조사에 따르면 알츠하이머병의 7% 정도는 65~74세에 이르고 53%는 75~84세며, 85세 이상은 40%에 이른다(APA, 2013/2016). 이처럼 알츠하이머병은 연령이 높아질수록 유병률도 증가하고 모든 기능이 점차 떨어지는 것을 알 수 있다. 이 병은 40대나 50대에도 조기 발병할 수 있지만, 유전자 돌연변이와 관련되며, 증상은 다른 연령과 차이가 없다. 정지향(2016)에 의하면 최근 우리나라 연구에서 65세 이상 전체 인구의 5.7%가 알츠하이머병 유병률을 보였다.

③ 발병 요인 및 위험인자

알츠하이머를 유발하는 주요 위험요인으로 환경적 요인, 유전적 요인, 생리적 요인을 들 수 있다(APA, 2013/2016). 환경적 요인은 외상성 뇌 손상이며, 유전적, 생리적 요인은 연령과 밀접한 관계가 있다. 서국희(2016)는 알츠하이머 발병의 주요 위험인자를 고령, 치매, 가족력, apolipoprotein E4 유전형, 여성, 낮은 교육 수준, 뇌 외상, 심근경색 등으로 본다.

알츠하이머병의 요인에 대한 대표적 가설은 다음과 같다(Menzen, 2004). 첫째, 알루미늄 가설로 알츠하이머 환자의 뇌에는 건강한 사람들보다 알루미늄 수준이 정상보다 높다는 것이다. 그러나 알루미늄에 관한 논의는 반론도 있기 때문에 이 가설에 대한 결론은 아직 정확한 것은 아니다. 둘째, 아세틸콜린 가설로 알츠하이머병에는 신경전달물질인 아세틸콜린이 감소해 뇌의 기능부전, 기억장

애를 일으킨다는 것이다. 셋째, 유전적 영향으로 부모가 알츠하이
머병을 겪었을 경우에 자녀가 노년이 되면 50%가 이 병에 걸릴 수
있다는 가족력에 대한 가설이다. 유전적 요인에 대한 기전이 정확
하게 밝혀지지 않고 있지만 가족형 알츠하이머병에 대한 분석은
계속적으로 이루어지고 있다. 넷째, 바이러스 감염 가설로서, 알츠
하이머병이 감염에 의한 것이라는 가설은 크로이츠펠트-야콥병
(Creutzfeldt-Jakob)과 같은 퇴행성 신경질환과 관련되나 아직까지
확실한 감염인자는 밝혀지지 않고 있다.

④ 발달 경과 및 기능

알츠하이머병은 초기에 기억상실이 현저하게 나타나는 반면, 사
회 인지와 사회적 기능과 춤추기, 악기 연주와 같은 기억은 비교적
오랫동안 잘 보존된다(APA, 2013/2016). 이 병은 점진적으로 진행
하며 단기간 안정기도 있지만 심해지면 사망에 이르게 된다. 고령
에 이 병을 진단받은 후 10년 정도 생존할 수 있고, 일부는 20년까
지도 지낼 수 있다고 한다.

(2) 혈관성 치매(혈관성 주요 또는 경도 신경인지장애)
① 혈관성 치매의 정의

혈관성 치매는 뇌경색과 뇌출혈로 생긴 것이며, 혈관을 통해 영
양을 받는 뇌세포가 파괴되는 신경인지장애다.

② 유병률

혈관성 치매는 노인성 치매 중 알츠하이머에 이어 두 번째로 흔하게 나타나는 질환이다. 혈관성 치매도 알츠하이머 치매와 같이 나이가 중요한 요인이다. 65세 이상 노인의 혈관성 치매 유병률은 1~4%이며, 연령이 높아질수록 증가한다. 혈관성 치매 환자는 전체 치매 환자의 10~20%에 해당한다. 미국 인구집단 추정 유병률에 의하면 혈관성 치매는 65~70세가 0.2%이고 80세 이상이 16%이다(APA, 2013/2016). 최근 우리나라 혈관성 치매 유병률은 2.0%로 나타났다(정지향, 2016).

③ 발병 요인 및 위험인자

일반적으로 뇌경색으로 인한 치매가 더 많다. 환경적 요인으로는 '교육, 신체적 운동 및 정신적 활동과 같은 신경가소성 인자'(APA, 2013/2016)가 영향을 미친다. 유전적, 생리적 요인의 위험인자로 '고혈압, 당뇨, 흡연, 비만, 높은 콜레스테롤 수치, 높은 호모시스테인 수치, 죽상경화증과 세동맥경화증의 기타 위험 인자, 심방세동, 뇌색전의 위험을 높이는 기타 상태 등'이 있다.

④ 발달 경과 및 기능

혈관성 치매는 신체 결함과 관련되어 부가적인 장애가 일어난다. 혈관성 치매는 발병이 갑작스럽고, 안정과 악화가 반복되는 계단식 경과를 보이며, 두통이나 어지러움과 기타의 국소적 신경과 증상을 나타낸다. 우울증이 동반되는 경우가 많다.

4) 치매의 증상

치매는 일상생활에서 인지하지 못하다가 시간이 지나면서 인식하게 되는데, 점진적으로 퇴행성 변화를 보인다. 대표적 증상으로는 점진적 진행과 지속적 인지 저하를 보인다. 치매 중에서 가장흔한 알츠하이머병을 중심으로 증상을 살펴보면 다음과 같다.

(1) 기억력 장애

기억력 감퇴는 치매 초기에 나타나는 대표적 증상이다. 초기에는 사람과 사물의 이름을 잊어버리며, 말을 하는 중에 말하려는 단어가 생각나지 않는 경우가 많아진다. 또한 과거의 기억은 잘 유지하나 최근의 일을 기억하지 못하는 단기기억력이 감퇴한다. 그러나 병이 진행되면서 점차 장기기억력도 상실한다. 일상생활에서흔히 사용하는 단어를 잊어버리기 시작하면서 점차 가족과 자신의이름과 가족 이름, 집 주소, 생일 등도 기억하지 못한다. 변기 물내리기, 세수하고 얼굴 닦기, 여름옷과 겨울옷을 계절에 맞게 입는방법 등을 잊어버린다.

(2) 지남력 장애

시간과 공간, 환경에 대한 감각인 지남력 장애는 치매의 진행과정 중에 점차적으로 나타난다. 특히, 초기에는 시간에 대한 감각이 상실되고 점차 장소와 환경에 대한 감각을 잃어버린다. 또한 물건을 제자리에 두지 못하거나 전혀 관련이 없는 곳에 놓는다. 잘 알던 길을 잃거나 복잡한 장소에서 헤매는 증세가 나타나고 운전을 하지 못하는 상태가 된다. 초기에는 물건을 제자리에 두지 못하여 가족이나 다른 사람들로부터 물건을 숨기는 것으로 오해를 받기도 한다. 화장실을 찾기 어려워하거나 용변을 방이나 문 앞에 보기도 한다. 화장실 변기에 물을 내리는 곳을 찾지 못하기도 한다. 복잡한 그림이나 사진 등의 내용을 파악하기가 어려워진다. 그러나 지남력의 상실이 의식의 장애를 일으키는 것은 아니다.

(3) 언어장애

치매 환자가 사용하는 언어는 모호하고 반복적이며 부정확하다. 또한 병의 진행에 따라 다른 사람의 언어를 그대로 되풀이하는 반향언어를 사용하기도 한다. 인지능력의 저하로 사물의 이름을 말하는 능력이 점차 심각하게 상실된다. 타인의 말을 이해하지 못하게 되면서 말수가 줄어들고 혼자서 알아듣기 어려운 소리를 내거나 실어증을 수반하기도 한다.

(4) 행동장애

치매 환자가 보이는 대표적인 행동장애로는 실행증과 운동실조증이 있다. 실행증은 운동능력이 있음에도 평소에 하던 동작을 하지 못하는 경우로 세수하기, 머리 빗기, 옷 입기, 신발 신기, 수저 사용, 일상도구 사용 등에 장애를 겪는다. 운동실조증은 근육 협응에 장애를 일으키는 경우다.

(5) 일상생활 능력 장애

일상생활 능력은 인지기능의 감퇴로 인한 것으로 신체적 일상생활 능력과 도구적 일상생활 능력 감퇴로 분류된다. 신체적 일상생활 능력 장애는 중증이 되면서 급격한 퇴행성을 보인다. 신체적 일상생활 능력 감퇴는 대표적으로 세면하기, 칫솔질 하기, 용변 보기와 화장지 사용, 옷 입기(계절에 상관없이 옷 입기, 속옷과 겉옷 바꿔 입기 등), 가족 옷이나 신발 사용, 목욕하기, 수저 사용보다 손으로 음식 섭취 등이다. 또한 집에 있다가도 일정한 시간, 특히 늦은 오후나 밤에 이유 없이 갑자기 집 밖으로 나가는 경향이 많다. 도구적 일상생활 능력 감퇴는 일반적으로 초기에 나타나는 증상으로 돈 계산 및 관리, 집안일, 요리 준비와 요리하기, 장보기 등에 어려움을 겪는다.

(6) 인지장애

치매 환자는 계산, 문제해결이나 판단력, 추상적 사고력이 점차 상실된다. 알츠하이머 중·후기에 나타나는 대표적 증상인 실인증은 감각기능에 문제가 없어도 지인들을 인지하는 능력이 상실된다. 심하면 배우자를 비롯하여 가족을 다른 사람으로 인지하거나 몰라보는 경우가 증가한다. 물체에 대한 지각력을 상실하며 거울에 비친 자신의 모습을 알아보지 못하게 된다.

(7) 인격 변화

치매가 중·후기로 진행되면서 환자는 본래의 성격이 강화되거나, 타인을 의식하지 않은 이상행동과 더불어 심리증상 변화와 인격 변화가 심하게 나타난다. 주로 나타나는 이상행동은 공격성 악화, 적대적 행동과 악담, 부적절한 성적 행동, 과식증, 편집증, 수면장애, 행동조절력 상실, 부적 감정 폭발, 배회 등이다. 심리증상은 대표적으로 불안과 초조, 우울, 죄의식, 낙담, 심한 감정 기복, 무관심, 무감동, 망상(도둑망상, 피해망상, 부정망상, TV나 거울 속 자신과 대화 등), 환각, 환시 등이다.

5) 치매의 단계

알츠하이머병의 진행 단계는 대표적으로 다음과 같이 정리할 수 있다(Menzen, 2001).

- 기억력 감퇴 단계: 부주의, 집중력 장애, 기억력 문제, 단어 발견 문제, 시간감각 문제, 불안증세, 절망감, 우울한 반응, 후회, 억제, 사회적 후퇴
- 혼란 단계: 시간, 공간, 상황에 따른 지남력 및 기억력 문제 증

가, 언어장애(단어 및 언어이해 장애), 판단력 장애, 감정 기복,
분노 분출, 의심, 공격적 반응, 무감각
- **중증치매 단계**: 장기기억 장애, 인지력과 사고력과 언어력 파괴,
편집증적 망상, 운동성 장애, 공격성 증가, 심한 감정 기복 등

6) 치매의 치료

(1) 약물치료

인지기능장애의 약물치료는 아세틸콜린을 증강시키는 콜린에
스테라제 억제제, 뇌대사 촉진제, 칼슘 침착에 의한 인지기능 장애
관련 약물과 정신 증상에 대한 약물로 나눌 수 있다. 정신 증상에
대한 약물로는 항정신병 약물, 항불안제, 항우울제, 수면제 등이
있다.

(2) 비약물치료

비약물치료로는 현실치료, 기초감각 자극치료, 미술치료, 원예
치료, 음악치료, 심상치료 등이 있다. 이러한 치료는 특히 의미론
적인 것과 지식기억을 많이 고려하는데, 삽화적·구상적 기억, 정
서적 기억과 같은 것이다. 이러한 기억작업에는 미적 자극과 감각
적 자극이 중요한 역할을 한다.

7) 치매의 경과

치매의 경과는 치매 유형과 치료 개입에 따라 차이가 있다. 일반적으로 치매는 5년에서 10년 정도 진행되며 점차 악화되어 사망에 이른다. 그러나 치매의 약 10~15% 정도는 가역성 치료로서 호전될 수 있다. 또한 조기발견 시 10년 이상 생존하는 경우도 증가한다.

8) 치매 환자를 위한 간호 및 안전관리

치매 환자에게는 가정이나 병원에서의 간호가 중요한 역할을 하기 때문에, 가족과 간병인이 간병과 안전관리 수칙들을 잘 알고 있어야 한다. 치매 환자를 위한 간병과 안전관리는 다음과 같이 분류할 수 있다.

(1) 환경 고려

- 가능한 한 환자의 감각장애와 기능장애를 보완할 수 있는 환경을 조성한다.
- 환자가 외부에 출입하는 것을 점검할 수 있는 장치를 한다.
- 시계, 달력, 게시판, 지인 및 가족들과의 전화 통화 등을 이용하여 날짜, 장소, 모임 등을 기억하는 현실감각을 증진시킨다.
- 화장실, 침실 등을 단어나 그림으로 표시하여 붙여 둔다.

- 환자가 잘 볼 수 있는 곳에 가족 및 지인 사진을 붙여 둔다.
- 중기와 후기 환자에게는 거울을 보는 기회를 한정한다.
- 실내가 어둡기 전과 수면 중에도 실내등을 켜 두며, 밤에는 화장실 등을 켜 둔다.
- 위험한 가전제품과 콘센트 등은 잘 관리하여 위험하지 않도록 주의한다.
- 물건의 위치가 항상 고정된 자리에 있도록 한다.
- 규칙적으로 가족과 산책하며 가까운 곳이나 좋아하는 곳을 여행하며 환자가 익숙한 환경을 접하고 계절의 변화를 느끼게 한다.

(2) 의사소통

- 치매노인의 능력에 맞는 의사소통 방법을 시도한다. 즉, 용어 선택, 소리 속도, 소리 크기 등을 고려한다.
- 어린아이처럼 취급하지 않도록 한다.
- 중·후기 환자에게는 간단한 문장을 사용하고, 한 번에 한 가지 내용만을 말한다.
- 환자가 말을 이해하지 못하면 반복하여 말해 준다.
- 환자와 논쟁을 하지 않는다.
- 가능한 한 긍정형 문장을 사용한다.
- 질문형 대화에서는 선택할 수 있는 내용을 간단하고 확실하게 제시한다. 예를 들어, "무엇으로 그리겠습니까?" 대신에 "물감

과 크레파스 중에 무엇으로 그리겠습니까?"라고 질문한다.

- 상황에 따라서는 환자가 표현하려는 말보다는 느낌에 반응하
  도록 노력한다.
- 환자에게 의사표현을 하도록 유도하며 경청하고 반응해 준다.
- 환자에게 대답을 얻기 어려운 질문은 피한다.
- 대화 시 비언어적 의사소통인 몸짓이나 표정을 병행한다.
- 신체 접촉을 사용하며 반응이나 느낌을 이해한다.
- 환자와 자주 눈 마주침을 하며 밝은 표정을 보여 준다.
- 환자와 날씨, 꽃, 계절, 음식 등 일상에 관련된 대화를 하도록
  유도하고 이야기를 나눈다.

(3) 일상생활의 독립성 유지

- 환자를 위한 일상 계획과 실행을 지속적으로 유지한다.
- 규칙적이며 체계적인 생활습관을 가지도록 권장한다.
- 일과의 계획이 장기간 유지되도록 한다.
- 일상에서 필요한 일을 차례대로 수행할 수 있도록 준비한다.
- 시설, 가구 배치, 가구 사용에 환자의 안전을 고려한다.
- 화장실과 샤워시설을 안전하고 손쉽게 사용할 수 있도록 고려
  한다.
- 환자가 단순한 가사일인 설거지, 청소, 신발 정리, 창문 닦기,
  빨래 정리 등을 하도록 한다.

2. 노인우울증

1) 우울의 정의

우울은 "다양한 부정적인 기분과 부정적인 행동을 의미"(Sarason & Sarason, 1996/2001)하며, 일반적 기분 변화에서 임상적 진단기준의 수준으로 나뉜다. 우울증이란 "자책과 관련된 자긍심의 저하, 정신운동기능의 지연, 사람 사이의 접촉으로부터의 격리, 때때로 죽고 싶은 마음 등으로 인한 슬픔, 외로움 같은 기분의 변화로 특징 지워지는 병적인 상태"(송미순, 하양숙, 1998)를 말한다. DSM-5에 의하면 우울장애에는 '파괴적 기분조절부전장애, 주요 우울장애, 지속성 우울장애, 월경전 불쾌감장애, 물질/약물치료로 인한 우울장애, 다른 의학적 관점의 우울장애, 명시되지 않거나 명시된 우울장애'가 있으며, DSM-IV와 달리 '양극성 및 관련 장애'와 분리된다(APA, 2013/2016). 노인우울증도 이러한 양상에 동반된다.

2) 원인

노인우울증의 원인으로는 생물학적 · 신체적 · 사회적 · 심리적 · 정서적 요인이 복합적으로 나타난다. 노인우울증은 노년기에 가장 빈번하게 나타나는 정신질환에 해당한다. 노인우울증의 주된 원인을 살펴보면, 건강 문제인 신체적 질병으로 인한 기능의 상실과 불편함으로 우울증상이 동반되는 경우, 배우자 및 동료연배의 사별 혹은 이별 등으로 인한 상실감, 경제적 문제, 사회와 가정에서의 역할 상실 등이 있다. 또한 노인우울은 가족력이나 과거의 우울증 병력과 성격 요인, 예를 들어 완벽하고 예민한 성향 등이 주요 원인이 되기도 한다. 노인우울증은 과거에 우울증상을 가진 사람이 노인이 되면서 더 심각하게 지속될 가능성이 많다. 약물 복용, 신체적 장애와 학대 등도 우울증의 원인이 될 수 있다.

치매와 파킨슨 등의 노인 질환이 우울증을 유발하는 위험 요인이 되기도 한다. 이민수(2016)는 노인우울의 역학 조사를 기반으로 하여 노인우울의 원인을 '유전학적 취약성, 신경생물학적 위험요소, 신체적 건강 상태, 인격과 사회 심리적 요소, 생활사건과 사회적 지지'로 분류한다. 여기에서 제시한 노인우울의 심리적 원인의 3가지 요소는 다음과 같다. 첫째는 소중한 존재의 상실이다. 둘째는 인생 경험의 부정적 왜곡과 부정적 자기평가, 비관주의, 절망적 사고다. 셋째는 Erikson의 마지막 발달단계인 통합 대 절망에서 통합의 실패로 인한 절망이다. 우울증의 현상은 노년기의 자연스러운 과정으로 나타날 수 있다는 일반적 인식 때문에 노인우울의 원인 파악 및 진단이 늦어지는 경우가 많다.

2001년 독일의 노인 연구에 의하면 65세 이상 노인의 25% 정도는 심리적 장애를 겪고 있고, 그중에 가장 빈번하게 나타나는 장애가 우울장애다(BMFSFJ, 2001). 이 연구에 따르면 우울장애를 겪는 여성이 남성보다 2배 더 많으며, 과부인 경우 더욱 우울 정도가 심하다. 미국의 지역사회 노인을 대상으로 한 연구에서는 노인인 구 중 1%가 주요 우울장애, 3%는 기분부전증, 8~15%는 의미 있는 우울증상을 보고하였다(이민수, 2010). 우리나라 지역사회에서는 노인 27%가 우울증상, 8%는 신체적 문제가 있는 심각한 우울증상을 호소한다(이민수, 2010). 또한 2011년 조사에서는 노인의 주요 우울장애 유병률이 60~69세는 3.0%(남 1.3%, 여 4.6%)며, 70~74세는 전체 3.8%(남 1.8%, 여 5.4%)로 보고되었다(이민수, 2016).

3) 증상

우울증의 증상은 감정의 일시적 침체현상, 신경증적 우울증, 정신병적 우울증으로 분류할 수 있다. 우울증의 공통적인 주요 양상은 '슬프고, 공허하거나 과민한 기분, 개인의 기능 수행능력에 영향을 주는 신체적 · 인지적 변화'다(APA, 2013/2016). 또한 우울한 기분, 흥미의 상실, 활력 감소와 피로감, 주의집중력 감소, 낮은 자존감, 자신감 저하, 죄책감과 무가치감, 미래에 대한 비관적 견해, 자해 및 자살 생각과 행동, 수면장애, 식욕감퇴, 신체적 증상 호소, 불안증상, 초조감, 정신운동성 지연, 건강염려증(권석만, 민병배, 2002; 이민수, 2016), 불규칙적 배설작용, 원인이 불분명한 신체 통증, 초조감, 인지능력의 저하, 무력감 등(Menzen, 2004)을 동반하기도 한다. 이처럼 우울 양상은 행동 · 신체 · 정신의 현상으로 나타난다.

정신역동적 관점에서 우울은 상실체험에 대한 병리적 반응으로 자아 억제, 자기존중감 감소, 자신감 장애, 현실적 혹은 상상적 상실감, 공격성, 자기공격성, 자기비난, 자기탄핵, 음식 거부, 자살, 상실 대상의 특정한 관점과 동일시하는 내사(內射), 자기애적 괴롭힘, 망상적 퇴행 등을 보인다(Menzen, 2004). DSM-5에서 애도와 주요 우울을 구별하는 특징으로, 애도는 '공허감과 상실의 느낌이 우세한 정동'인 반면 주요 우울은 '행복이나 재미를 느낄 수 없는 상태와 우울감의 지속'이다(APA, 2013/2016). 여기에서 애도는 불쾌감이 시간이 지남에 따라 감소하지만 망자에 대한 생각이나 그와 관련되는 것으로 인한 감정의 기복이 있으며, 때에 따라서는 긍정적 감정과 유머를 보이기도 하고 자존감을 유지한다. 반면 주요 우울은 우울감이 지속적이고 특정한 것에 집착하지 않으며, 자기비판적이고 비관적 사고가 지속되며, 무가치감과 자기혐오 감정이 지속된다. 이 두 양상의 큰 차이점은 애도가 망자에 집중되는 반면, 주요 우울증에서 보이는 죽음은 무가치감, 우울의 고통에서 벗어나려는 자신의 죽음에 집중되어 있다.

우울증에는 사랑과 자신의 가치를 인정해 주는 대상의 상실이 중요한 요인이 되며, 이로 인해 우울증 환자는 실제적으로나 상징적으로 대상 상실과 혹은 자기애 외상을 겪고 있다. 이와 관련하여 나타나는 증상은 불안정한 자기애적 행동, 관계 장애, 업적을 통한 안정화 시도, 과도한 초자아의 요구로 초기 단계에 고착, 강박 증

상, 의존성, 잘 우는 성향, 무력감, 신체적 탈진과 심리적 탈진 등
이다(Menzen, 2004). 우울망상인 죄책감, 건강염려증, 허무감, 피해
망상, 질투 등도 나타난다.

4) 치료

우울증에 대한 치료방법은 우울증의 정도와 유형에 따라 다르
다. 그러나 우울증의 원인이 된 신체적·사회적·심리적 요인을
고려하여 치료적 개입을 할 필요가 있다. 치료 개입에 중요한 것은
가족의 배려와 도움을 간과해서는 안 된다는 점이다. 일반적으로
적용되는 노인우울증의 치료방법은 다음과 같다.

- **약물치료**: 항우울제 복용, 항정신병 약물 복용, 항우울제와 항
  정신병 약물의 병합치료
- **전기경련치료**: 약물치료에 어려움이 있거나 자살 가능성이 높
  거나 심한 우울증 환자에게 적용
- **정신치료**: 약물치료에 어려움이 있는 환자를 위한 일차적 치료
  혹은 약물치료의 보조치료 역할로, 대표적인 치료방법으로 지
  지정신치료, 정신분석 치료, 행동주의 치료, 인지치료, 동물매
  개 치료, 미술치료, 음악치료, 무용치료 등이 있음. 예술치료
  와 동물매개 치료는 최근에 많은 호응을 얻고 있으며 발전하
  고 있는 분야

3. 뇌졸중

1) 정의

뇌졸중은 '뇌에 혈액을 공급하는 혈관이 막히거나 터져 그 부위의 뇌가 손상되어 나타나는 신경학적 증상 및 증후'다(석승한, 2016). 다시 말해, '뇌의 허혈성 병소를 일으키는 폐쇄성 뇌혈관 질환과 두개내출혈을 동반하는 출혈성 뇌혈관 질환'(허재택, 1998)을 총칭한다. 뇌졸중은 혈관이 막혀 발생하는 허혈성 뇌졸중 혹은 뇌경색과 혈관이 터져 발생하는 출혈성 뇌졸중 혹은 뇌출혈로 분류된다.

2) 원인과 유병률

뇌졸중의 원인으로는 동맥경화증에 수반된 혈전증, 색전증, 고혈압성 뇌출혈, 혈관압착, 뇌량 손상, 동맥경화, 뇌동정맥기형, 심리적-신체적 부담, 스트레스, 음주 또는 흡연(석승한, 2016; 허재택, 1998; Menzen, 2001)과 그 외 가능성으로 비만, 당뇨, 염증이나 혈관 감염(Wald, 1999)도 들 수 있다. 우리나라 뇌졸중 환자는 35~40만 명으로 추산되는데, 그중에 65세 이상 노인환자는 20만 명 내외로 추정된다(석승한, 이용석, 2010).

3) 증상

뇌졸중은 발병 전에 특별히 나타나는 증상이 없으며, 이미 오래 전부터 진행되다가 갑자기 발생하는 증상으로 발병 후의 후유증으로 운동장애, 언어장애, 시공간 기능장애, 인지기능장애, 감정장애, 대소변 기능장애 등의 공통적 증상이 나타난다. 이러한 장애를 세 영역으로 구분하면 다음과 같다(석승한, 이용석, 2010; Menzen, 2001; Wald, 1999).

(1) 신체 영역

의식혼탁 혹은 의식 악화, 반신마비, 다친 뇌의 반대쪽에 위치한 팔다리 마비 및 얼굴 근육 마비, 입이 한쪽으로 돌아감, 언어장애, 눈감기 문제 등의 국소증상, 운동실조, 균형과 조정장애로 나타나는 비틀거리며 걷기와 동작 불안정, 신체 통증, 저림, 갑작스러운 심한 두통과 피로감, 메스꺼움, 구토, 어지럼증, 소화문제, 수면장애나 과다 수면 등이다.

(2) 인지 영역

기억, 사고, 집중이나 학습장애, 판단력 미숙, 신체적 부인, 방치나 부주의, 좌뇌 손상으로 인한 말하기나 쓰기의 이해 장애(수용실어증, receptive aphasia), 이해는 가능하나 말하기나 쓰기의 단어 생각 장애(표현실어증, expressive aphasia) 등이다.

(3) 심리운동 및 감각인지 영역

얼굴 손상, 대상 재인식이나 동일시의 문제(실인증), 기억장애, 언어장애, 씹기와 삼키기 장애, 무감각과 마비(한쪽 마비), 조절장애, 방광과 관장 통제능력 상실, 운동력 장애, 쓰기와 읽기 및 계산장애, 수행장애(계획, 기획, 추상화, 순서 유지) 등이다.

감각인지조직장애는 대상을 인식하지 못하거나 신체 이미지와 윤곽 개념에 장애가 있는 시각인식 불능증(visual agnosia), 시야 삭감, 좌우 방향감각 상실, 시공간 왜곡, 수직감각 혼란, 전경-배경 지각 문제, 시각화와 2D에서 3D 변환에 어려움이 있는 구성실행증 장애(constructional apraxia) 등이다.

(4) 심리사회 영역

우울증, 기분장애, 발병 전에 관심 있었던 것에 대한 흥미 상실, 감정 기복, 소아적 행동, 의존심 증가, 불안, 혼란, 정상적 정동 상실, 정서불안, 비관적 감정, 집중력 저하, 외적 변화에 따른 수치심, 무능력감, 죄책감, 불구자 의식, 의사소통 단절, 심리사회적 소외감, 이해력과 표현력의 어려움, 사회적 단절, 반복 행동, 에너지 상실, 죽음이나 자살 사고, 새로운 관계 형성의 어려움 등이다.

4) 치료

• 신체치료: 가역성 손상 뇌세포의 회복과 감각지각 혹은 운동성

에 영향을 주는 보완적 의미로 뇌세포 활성화

- 뇌경색 환자: 일반적 치료, 초급성기 치료, 항혈전요법, 급성 합병증 치료, 수술, 재활치료
- 뇌출혈 환자: 뇌압 상승을 낮추는 치료, 혈압 조절, 안정제, 진통제, 항경련제 투여, 수술
- 심리운동 치료: 안면, 손, 신체의 운동 숙련과 언어 이해와 언어 표현 개선 치료 등
- 심리사회 치료: 지각능력, 기억력, 집중력 개선 재활 프로그램, 물리치료, 언어치료, 작업치료, 인지치료, 미술치료 등

제**4**장
노인미술치료

> 나는 이 그림을 그리면서 수십 년 동안 용서하지 못하던 남편을
> 용서할 수 있게 되었어요.
> – 75세의 여성 미술치료 내담자

1. 노인미술치료 개념과 의미

노인미술치료는 미술치료학과 노년학을 기반으로 노인의 정신
및 신체 건강 문제를 치료하고 완화하며 나아가 노인의 심신 건강
을 장려하고 유지하는 것을 지향한다. 이에 따라 정신과 신체 건강
을 위한 통합적 관점은 노인미술치료의 중요한 요소로 작용한다.
이는 Petzold와 Sieper(1991)가 치료를 '환자 병의 치유와 완화를
목적으로 면밀한 진단과 평가에 근거한 과학적으로 증명된 목표
지향적 임상 작업'이라고 한 협의적 개념과 '환자의 인성과 잠재력
의 성장과 촉진을 지향'하는 돌봄과 성장과 촉진이라는 광의적 개

넘의 치료 요소를 결합한 '전체적 심리치료'와 같은 맥락이다.

'노인미술치료에서 노인의 정신건강 문제를 미술로 접근하여 해결하는 것이 가능한가?'라는 질문이 과거에는 빈번하게 제기되었지만, 최근엔 노인미술치료가 노인병원, 노인요양센터 등에서 일반화된 영역으로 자리 잡고 있다. 여기에 중심 영역은 미술이라는 점에서 노인과 미술의 관점을 다시 고려해 볼 수 있다.

Waller(2002)는 진행성 질병환자의 능력을 가능한 한 오랫동안 유지할 수 있는 방법으로 예술을 통한 치료기회가 실제적 도전이 된다고 강조한다. 또한 Wald(2003)는 노인미술치료는 노인의 인지와 지각기능을 증진하고 강화하며, 감각을 자극하고 사회적 상호관계를 재생하는 역할을 할 수 있다고 한다.

Schäfer(1973)는 인간은 '존재의 위기'에 처했을 때, 예술활동을 통하여 위기와 거리를 두는 능력이 있다는 것을 강조하는데, 여기에 노인도 예외가 될 수 없다. 노인의 예술활동은 현실 상황을 잊거나 도피하는 것이 아니라, 인생의 어려운 상황을 수용할 준비가 되는 '경험의 개방성'과 삶에 대한 용기자 의지로 연결될 수 있다.

그러나 노인미술치료 초기에 노인들로부터 많이 듣는 말은 '그림으로 뭐가 나아지나?' '그림 그리는 것은 아이들이나 하지, 이 나이에 여기서 무슨…….' '평생 그림이라는 것을 그려 보지 못했는데, 무엇을 해야 하지?' '유치하게 이런 것 해서 무슨 도움이 되나?……' 등의 부정적 반응이다. 이는 노인요양원이나 병원의 의료진과 관계자들의 미술치료에 대한 견해이기도 했다(Waller, 2002).

의료팀과 봉사자들은 환자들, 특히 치매 환자들이 자신과 주변에서 일어나는 일을 이해하지 못하는 것으로 여겨 미술치료의 필요성을 인식하지 못하는 경우도 있다(Tyler, 2002). 그러나 최근에는 미술치료 과정에서의 노인들의 자기 경험과 변화 그리고 효과적인 결과를 통해 이러한 부정적 반응이나 선입견도 변화를 보이며, 노인들과 의료팀의 적극적인 참여가 이루어지고 있다.

Gombrich(2003)는 "미술은 정말로 발견되고 명확히 표현되기를 기다리는 어떤 미지의 영역을 찾아낸 것인지도 모른다."라고 했는데, 노인의 미술활동도 전 인생을 통하여 발견되고 표현되기를 기다리는 자기존재의 탐색작업이 될 수 있다. 이는 노인미술치료 사례에서 항상 발견하는 특성으로 미술을 통한 자기탐색 과정은 인생 전체의 통합과정이 될 수 있다. 환자든 건강한 노인이든, 자신의 기억과 경험 그리고 소망이 축적된 인생의 파노라마를 미술로 표현하고 소통할 수 있는 경험은 심리적 · 신체적 병과 고통을 완화하며 나아가 자기성장을 이루게 하는 치료적, 통합적, 자기실현적 의미를 지닌다.

인간은 자신을 표현할 수 있는 독특하고도 중요한 언어능력을 지녔음에도 불구하고 심리적, 사회적 고통과 위기 상황을 말로 표현하지 못하는 경우가 많으며, 특히 진행성 질병의 노인환자에게 이런 사례가 일반적이다. 이러한 상황에 비언어적, 시각적으로 자신을 표현할 수 있는 미술이 언어 전달만큼 중요한 역할을 하는 사례들을 볼 수 있다(Cossio, 2002; Falk, 2002; Tyler, 2002; Wald, 1999).

이와 관련하여 노인미술치료는 내담자의 미술 재능이나 전문 능력과 상관없이 비언어적, 시각적 표현을 통하여 노인이 심리적 · 신체적 · 정서적 · 심리사회적 갈등 및 병에 대한 문제를 표현하고 회복하는 것을 돕는다. 이는 Wald(1999)가 시각 기억은 인지 기억보다 더 나을 수 있으며, 사건의 시각화는 기억을 상기하고 회복하는 데 도움을 줄 수 있다고 주장한 것과도 연결할 수 있다.

Petzold와 Sieper(1991)는 예술치료는 예술방법과 매체를 통해서 환자가 자신뿐 아니라 타인과 접촉하고 의사소통하며 표현하고, 토론할 수 있는 새로운 가능성이 제시되어야 한다고 주장하는데, 이는 노인미술치료에도 예외가 될 수 없다. Schoeneberg(2002)는 미술치료를 통한 기억과 정보활동의 중요성을 강조한다. 그는 기억의 내용을 현재화하는 '현실 구축'이나 신체적 · 심리적 장애나 노쇠의 결과로 감소하거나 변화된 '자아기능'을 강화하는 요소는 재활미술치료 모델의 기본 요소가 된다고 하는데, 이는 노인미술치료 전체 목표에도 해당된다.

나아가 Mees-Christeller(1996)에 의하면 노인이 육체적 노쇠와 병에만 집중하는 것에서 형태와 색채의 아름다움을 다루는 치료적 미술활동을 통해 외로움과 자신이 쓸모없는 존재라는 감정을 극복할 수 있으며, 정신적 존재로서의 의식을 유지하는 데 도움이 된다고 하였다. 만성진행성 노인병으로 약물로 치료가 되지 않고 언어로도 위로가 되지 못할 때 미술활동을 하게 된 환자는 새로운 인식을 경험하며, 외부세계가 되는 집단원, 치료사, 가족구성원, 치료팀 등의 피드백으로 상호작용을 할 수 있다(Cossio, 2002). Shore(1997)는 노인미술치료는 인간의 성장은 평생의 과정이라는 믿음에서 출발하며, 노년기에 겪는 갈등 내용을 다루어 노인의 심리사회적 성장에 효과적 역할을 한다고 주장한다.

노인미술치료는 병을 앓고 있는 노인뿐만 아니라, 노년에 들면서 신체적 어려움, 감각능력의 쇠퇴, 외로움과 소외감 등을 겪는 노인에게도 이러한 상태를 경감시켜 줄 수 있다. 또한 예방 차원의 미술치료는 노년기를 준비하는 대상에게도 필요한 의미 있는 활동이다.

미술의 치료적 역할은 창의적 활동을 기반으로 하여 인간에게 잠재되어 있는 '건강한 기능'(Petzold, 1985)과 '자아감의 강화'(Waller, 2002)를 활성화하는 데 중점을 두어 노년기의 웰빙을 유지하는 것이다. 노인미술치료에서 중요한 것은 노인환자가 자신이 수동적 존재, 잊혀져 가는 존재, 죽음을 기다리는 존재, 살아 있어도 죽은 것과 같은 존재가 아닌, 현재 살아 있는 존재로서 감각과 정서를 느끼고 표현할 수 있는 주체적 존재며 타인과 세상과 관계를 유지하는 사회적 존재라는 것을 경험하고 의식하게 하는 것이다.

2. 노인미술치료 동향

노인미술치료는 오래전부터 노인병원과 시설에 있는 환자들에게 제공하는 다른 다양한 프로그램 중의 한 영역으로, 대부분 집단 형태로 이루어져 왔다. Mann 등(1995)은 노인요양원, 양로원 등에서 실시하는 노인 프로그램이 노인 간호, 이야기 나누기, TV 보기 등에 한정되지 않고 노인에게 심리적, 정서적으로 활기를 주며 노인이 주체가 되는 치료 프로그램의 필요성을 제시하는데, 그중에서도 예술을 통한 자기 경험의 의미와 중요성을 강조한다. Erikson(1986)은 동료들과의 연구에서 노인의 예술활동이 중요한 이유는 노인이 다감각적 활동을 하며 다른 세대들과 함께할 수 있는 워크숍 형식의 작업으로 상호 유대감과 유쾌한 기분을 유지할 수 있기 때문이라고 하였다(Erikson, Erikson, & Kivnick, 1986: Stephenson, 2013 재인용).

노인미술치료가 그동안 주로 집단 형태로 이루어졌지만, 노인인구의 증가와 노인에 대한 사회적 관심이 높아지면서 이러한 집단 형태의 프로그램은 노인 개인의 심리적 변화를 간과한다는 점이 지적되고 있다. Friedan(1993)은 개인 간병은 노인환자와 감정을 나눌 수 있는 친밀감이 중요한 역할을 하며, 친밀감 상실은 개인의 건강을 악화하는 전조가 된다고 강조한다. 이를 통해 노인 개인의 심리적 갈등이나 불안, 분리, 소외, 상실감, 죽음의 두려움을 다루고 치유하는 프로그램의 필요성이 제기된다.

　노인미술치료에 개인치료가 미비한 배경에는 경제적·사회적·문화적 요인이 있지만, 무엇보다 노인을 간호나 보호의 대상으로만 여기는 인식이 높은 것에서 원인을 찾을 수 있다. 또한 노인 장기요양시설이나 병원에서는 집단 형태의 활동이 아닌 환자와 지속적으로 심리적 친밀성을 동반하는 미술치료를 실행하는 것이 현실적으로 어려운 상황이다. 그러나 이러한 점을 개선하려는 시도가 점차적으로 다양하게 이루어지고 있다.

　1990년대부터 노인미술치료에 대한 관심과 사례들(Doric-Henry, 1997; Gibson, 1994; Mees-Christeller, 1996; Wald, 1999; Wichelhaus, 1996 등)이 소개되었지만 다른 연령 대상의 미술치료에 비해 미비한 상태였다. 이와 관련하여 Waller(2002)는 진행성 혹은 퇴행성 질병 노인 환자들에 대한 미술치료를 포함한 다양한 예술치료 적용의 긍정적 효과가 잘 알려졌음에도 사례연구, 실험 및 통제집단 연구 등을 통한 체계적 연구의 부재를 지적하면서 이에 대한 해결책이 시급하다고 강조한다. Waller는 『예술치료와 진행성 질병(Arts Therapies and Progressive Illness』에 '이름 없는 공포(Nameless Dread)' 부제가 있는 저서에서 Cossio, Falk, Tingey, Tyler와 자신의 미술치료 사례를 소개한다. 노인미술치료의 대상은 치매 환자, 뇌졸중 환자, 파킨슨병 환자가 주를 이룬다.

　독일 오터스베르크 대학(Hochschule Ottersberg)에서는 2002년 '노인활동에서 미술치료-치매 환자의 미술활동'이라는 주제의 심포지엄을 개최하여 치매 환자 대상 개인 및 집단 노인미술치료의 사례와 전시회를 소개한다(Linde, 2004). Linde는 이러한 심포지엄 사례와 연구 발표에서 노인미술치료를 통한 환자의 창의적 인지와 창의적 자극에 대한 의식화로 환자는 주어진 상황을 독립적이며 자유롭게 형상화할 수 있었다고 강조한다. 또한 미술치료사들은 퇴행성 치매노인의 미술치료가 확실한 치유를 약속할 수는 없지만, 치매로 인한 손상과 자신을 잃어 가는 상황에서 환자가 인간 존엄성을 지키고, 개인적 기억 영역과 그로 인한 정체성을 유지하는 데 기여한 사례들을 소개한다. Menzen(2004)은 노인성 질병에 대한 문제 제기와 학문적 접근을 통해 노인환자를 위한 미술치료가 보완적 치료가 될 뿐만 아니라, 더 나은 삶을 영위할 수 있는 가능성에 대한 연구와 다양한 치료적 접근방안을 제시한다.

미국 현대미술관(MoMA)에서는 2006년부터 알츠하이머 치매 환자와 도우미들을 위한 미술 프로젝트를 기획하였다(Rosenberg, 2009). 프로젝트의 목표는 다음과 같다. 첫째, 알츠하이머 초기 및 중기 환자와 가족과 봉사자를 위한 현대미술 컬렉션과 특별전 감상 투어를 제공하는 'MoMA에서 나를 만나기(Meet Me at MoMA)'를 지속하고 확장한다. 둘째, 미술 감상 투어에서 환자와 봉사자를 위한 창작 관련 미술 프로그램을 실시하고, 환자 거주기관이나 재가 노인에게 모델을 제시한다. 셋째, 치매 환자 프로그램에 관심 있는 박물관, 협회, 기관 및 개인들에게 자원 및 실제 훈련을 제공한다. 넷째, 환자와 봉사자에게 미술활동 효과에 대한 인식과 지지를 높이기 위해 지역사회에 다양한 방법의 지원활동을 하는 것이다.

　Rosenberg는 알츠하이머 환자 서비스로 미술을 택한 이유는 참가자들에게 '의미 있는 활동과 개인적 성장에 참여' '단기기억에 의존하지 않고 아이디어를 표출하고 교환하는 장' '개인 경험과 장기기억의 활성화' '개인 경험과 세상과 연결되는 수단' '인지적 자극과 연습'과 '기여자로서 존중받고 평가받는 사회적 세팅'을 제공하는 계기가 되기 때문이라고 하였다. 또한 환자 가족이나 봉사자들은 '케어를 받는 환자와 함께 있으며 활동에 참여하면서 미술에 관심을 개발하는 기회'를 가지고 '다른 봉사자들과의 사회적 참여를 하며 서로 이야기를 나누고 도전할 수 있는 기회'와 '신체적 · 심리적으로 힘든 일을 일시적으로 중단'할 수 있는 기회가 된다는 것이다. 즉, 미술 감상 투어는 '환자와 봉사자의 의사소통과 연결고리를 위한 기회'를 제공하고, '참가자는 다양한 미술 감상 단계에 참여하며 존중받고 활력을 얻는 기회'와 '다른 관점에서 서로를 알게 되고 상대방의 아이디어와 관심을 새롭게 이해하는 것을 배우는 기회'가 된다.

　Rosenberg는 MoMA의 프로젝트가 '모든 미술 영역을 감상하고 미술활동에 참여하는 환자와 도우미에게 기억이나 주의력 향상 등에 긍정적 경험의 영향'을 끼칠 수 있다는 것을 확인하고, '지역사회 자원으로 건강 지원을 함으로써 미술의 가치와 중요성을 제공'하게 되었다.

　이러한 영향력은 미술치료의 의미와 대동소이하다. 최근 우리나라의 미술관에서도 치매 환자를 위한 프로그램(국립현대미술관, 2017)을 실시하였는데, 이러한 프로젝트들은 치매 환자와 가족과 봉사자에 대한 이해와 인식을 높여 주는 데도 기여한다. 또한 이런 시도는 노인 질병과 장애의 예방과 창의적 성장의 관점과 심리사회적 관점에서 젊은 세대에게도 치매에 대한 인식의 변화를 불러 올 수 있다.

미술관 프로그램은 과거의 예술작품을 개인에게 현재화하여 자신의 기억과 삶에 연결한다는 가치를 지니기 때문에 프로그램 개발과 홍보 및 연구에 대한 활성화도 필요하다. 노인이 미술관의 과거 예술품을 감상하고 그와 관련한 미술활동을 하는 것은 '노인의 과거 기억은 현재를 거부하는 것이 아니라, 자신과 하나되는 것, 통합되는 것, 무의식적 순환의 표시'(Linde, 2004)라는 의미와도 연결할 수 있다.

나아가 개인미술치료가 노인의 가정에서 이루어지는 사례들 또한 발표되고 있다(Doric-Henry, 1997; Gibson, 1994; McElroy, 2006; Sezaki & Bloomgarden, 2000).

3. 노인미술치료 영역

1) 심리치료 영역

　노인들의 가족 및 보호자들은 노인의 신체적 변화와 병에는 관심과 보살핌이 많은 반면, 노인의 심리적 변화와 문제는 간과하거나 문제를 알아도 해결방법을 모르는 경우가 많다. 우리는 노인우울증 혹은 우울 경향, 무기력, 의욕 상실, 위축감, 소외감, 화, 공격성 등을 노년기에 나타날 수 있는 자연스러운 현상으로 받아들여 그러한 증상이 심각해질 때까지 주의를 기울이지 않는 경향이 있다. 이러한 현상은 집단생활을 하는 노인요양원, 노인병원 등에서는 더 자주 일어날 수 있다.

　Freud도 노인은 정신적 과정에 융통성이 빈약하고, 습관이 주는 영향으로 수용능력이 고갈되기 때문에 치료 효과를 얻기 어렵다는 견해를 보였다(Petzold, 1985 재인용). 이와 같은 맥락으로 노년을 생의 마지막인 죽음과 연관 짓는 편견 때문에 노인심리치료의 필요성을 간과한다는 지적도 있다(Beauvoir, 1989; Lehr, 1991; Petzold, 1985). 그러나 오늘날은 노인인구의 증가와 노인 삶의 다양한 현상, 노인 연구를 통한 노인심리 변화에 대한 인식과 더불어 노인심리치료의 필요성에 대한 인식도 높아지고 있다. 노인미술치료에서 적용되는 심리치료 관점을 정리하면 다음과 같다.

Freud, Jung 그리고 Adler의 관점으로 대표되는 심층심리학적 접근의 미술치료는 상징화 과정에서 심리내적 갈등을 미적으로 표현하는 것을 치료에 적용한다. 여기에서 상징적으로 나타나는 미적 표현에 대한 분석과정은 각각 다르다.

Freud 학파 관점의 미술치료는 내담자의 무의식 내용을 다루며, 억압된 정동과 잠재된 심리적 갈등 내용을 미적 상징의 응축, 치환, 이차적 작업, 폭로작업 등을 통하여 진단, 분석하고 평가한다 (Schmeer, 1995/2004).

Jung 학파에서는 내담자의 내적 심상을 표현하는 미적 활동은 인간의 무의식에 있는 원형적 형상을 재구성하는 것이며, 그림 표현을 통한 상징화는 집단무의식과 원형과 관련되며 개성화 단계로 이르게 하는 중요한 치료적 과정으로 본다.

인간의 사회적 존재와 완전성으로의 극복 경향에 근거한 Adler 학파 관점의 미술치료는 개인의 생활양식 수정을 목적으로 하여 전기적 · 서술적 방법을 통하여 내담자가 무의식을 대면함으로써 정신적 변화에 이르게 한다.

인본주의적 관점은 내담자의 현재 상태를 받아들이고 현실화 및 정체성의 발전가능성과 자기실현을 이룩하게 하는 것으로, 대표적으로 Rogers의 인간중심 치료, Perls와 그의 지지자들에 의해 발전된 현상학적 · 실존적 치료인 게슈탈트 치료가 있다. 또한 게슈탈트 치료에 근거하면서도 통합적, 창의적 관점을 발전시킨 Petzold의 통합치료 접근도 있다.

Petzold(1985)는 노인연구들은 노인의 삶 전체를 조망하는 관점을 놓치고 있다고 지적하면서, 노인심리치료는 '치료적 인식과 사회과학적 인식의 통합'과 연계하여 실시해야 한다고 주장한다. Petzold는 노인심리치료의 통합적 치료 필요성에 근거하여 세 가지 질문을 제기하는데, '보유전략' '회복전략 및 극복전략'과 '발전전략'은 다음과 같다.

- 보유전략: 무엇이 건강하고 기능적이며, 무엇이 유지되어야 하는가?
- 회복전략: 무엇이 손상되었거나 장애를 입었으며, 기능적 손상은 무엇이며, 어떤 것이 회복되어야 하는가?
- 극복전략: 회복전략이 가능하지 않다면, 대체행위나 포기행위를 통하여 극복될 수 있는 것은 무엇인가?
- 발전전략: 그러한 상황에서 어떤 가능성이 있는가? 아직 사용하지 않았지만 발전시킬 수 있는 것은 어떤 것인가?

Petzold가 이러한 질문에 근거하여 구성한 치료전략은 '욕구분석' '문제분석 및 갈등분석' '생활세계 분석' '연속성 분석'과 '자원분석'으로 다음과 같다.

- 욕구분석: 내담자의 욕구, 소망과 동기는 무엇인가?
- 문제분석 및 갈등분석: 해결할 수 있거나 약화시킬 수 있는 내담

자의 손상, 정신적 외상 혹은 갈등은 어디에 있는가?
- 생활세계 분석: 내담자의 가족 상황, 사회적 상황, 환경적 상황, 간호 상황 등은 어떤가?
- 연속성 분석: 내담자는 어떻게 살아왔는가? 이러한 것을 어떻게 평가하는가? 그것은 지금 여기에서 어떻게 나타나는가?
- 자원분석: 내담자는 개인자원과 외부자원, 예를 들어, 사회적 네트워크, 신체 상태, 학력, 지적 상태, 삶의 경험, 극복전략 등을 어떻게 이용하는가?

Petzold는 심리치료에서 세 가지 질문을 통해 노인의 삶을 분석하는데, 이것은 노인미술치료의 집단뿐 아니라 개인에게도 적용할 수 있다. Petzold의 노인심리치료 필요성과 치료전략을 노인미술치료에 다음과 같이 적용해 보고자 한다.

첫째, 보유전략과 분석으로 미술치료에서는 노인의 의식적, 무의식적 욕구가 비언어적 이미지로 표현될 수 있다. 미술치료에서 노인은 '노년기 특성에 속하는 주제와 그와 관련된 불안, 분노, 두려움 등의 언어로 표현하기 어려운 것을 상징적으로 표현'(Miller, 1986)할 수 있다. 노인미술치료를 통해 노인은 자신이 보유한 표현 욕구와 의식적, 무의식적 소망과 동기를 비언어적 표현양식을 통하여 발견할 수 있다. 그러나 노인들이 과거에 미적 활동으로 자신의 심리적 욕구를 표현하는 기회가 적었다는 점을 고려하여, 노인의 내적 욕구를 살펴보거나 접근할 수 있는 섬세한 접근과 주제 선택이 이루어져야 한다.

둘째, 회복전략 및 극복전략과 분석으로 미술치료에는 진단, 목
표, 계획, 실시전략, 기대효과 등의 과정이 준비되어야 한다. 특
히 노인병원의 환자는 여생을 장애가 있는 상태로 보내는 경우가
많기 때문에, 불확실한 미래, 극복해야 할 문제, 수용할 수 없는
문제나 갈등, 시간과 장소의 문제, 타인에게 의존해야 하는 두려
움, 병원의 일과와 규칙에 따라야 하는 상황과 그에 대한 갈등 등
(Wenge, 1993)을 고려하여 회복전략을 구상한다. 미술치료에서 노
인의 병, 장애, 갈등 문제, 노인의 거주형태와 가족 및 타인과의 관
계와 환경, 노인 개인사에 해당하는 연속성 등을 진단하고 분석해
야 한다. 이에 근거하여 미술치료 목표, 주제, 매체, 기법, 치료형
태, 기간 등을 설정한다.

노인미술치료 회복전략 구상은 환자들이 회복과정에 수동적이
아니라, 능동적이 되도록 계획해야 한다(Wenge, 1993). 이 전략은
노인들의 미적 잠재력에 근거하여 그들의 표현 욕구를 활성화하는
것이다. 이러한 심리적 상황을 표현할 수 있는 것은 치료전략 전반
에 중요한 역할을 한다. 즉, 시각적이며 비언어적 상징표현과 작품
에 대한 미술치료사 및 동료 내담자들과의 대화는 환자의 소망과
욕구뿐만 아니라 갈등을 단계적으로 감소하는 데 기여할 수 있는
회복전략이다.

셋째, 발전전략과 자원분석에 미술치료사는 인간의 창조성을 근
거로 하며, 미술치료 계획과 과정에서 노인 개인마다 다른 자원을

지속적으로 발견할 수 있어야 한다. 이와 같은 세부적 내용은 치료의 전체 목적과 밀접한 관련성을 유지해야 하며, 통합적으로 조망될 수 있어야 한다.

Miller(1986)는 노인병동이나 노인시설 등에 거주하는 노인은 죽음에 대한 불안을 겪고 있으며, 자신을 방어할 능력이 거의 없는 상황이기 때문에, 노인미술치료에서 노인에게 중요한 주제인 죽음에 대하여 개방적이고 건설적인 목표를 둔 작업을 한다. 즉, 그는 이러한 접근을 통해 노인이 삶의 즐거움에 대해 수긍함으로써 죽음을 이해하고 수용할 수 있게 한다. 또한 미술치료에서는 언어로 표현하기 어려웠던 것을 다르게 표현할 수 있는 기회를 제공한다. 이는 일생 동안 말하지 못한 것을 삶의 마지막 시기에 전할 수 있는 기회를 제공하는데, 노인은 자신의 감정, 느낌, 생각을 상징적 이미지로 표현하게 된다.

2) 재활치료 영역

미술치료의 재활 관점은 정신과 신체의 장애가 있는 환자가 미술치료를 통해 자기체험 기회를 되찾아 회복되며, 사회화를 위한 과거의 기능을 재습득하도록 하는 것이다(Menzen, 2001). Wichelhaus(1996)는 재활미술치료의 필요성을 강조하며, 그에 대한 목적 두 가지를 제시한다. 즉, 재활미술치료의 목적은, 첫째, 제한된 기능과 인지력을 보완하기 위하여 표현능력과 의사소통 능력을 발전시킨다. 둘째, 심리적 실존 위협에서 벗어나며 자기치유 과정을 이루기 위하여 감각적이고 의미 있는 미적, 창의적, 통일체적 경험을 통하여 주체성과 자율성을 개발한다. 이러한 목적은 모든 연령에 해당되지만, 신체, 감각, 인지기능이 감소하는 노인들에게 더 필요한 관점으로 받아들일 수 있다.

Schoeneberg(2002)는 노년기의 심리적 · 신체적 · 사회적 문제에 대한 자율성 유지나 회복 및 긍정적 삶의 목표와 의미 추구를 위한 새로운 접근으로 미술치료를 통한 재활가능성을 제시한다. 그는 노인병원 및 노인요양원의 입원환자나 재가치료를 받는 노인환자들이 미술치료를 통하여 자신의 감정과 욕구를 효과적으로 표현하고, 창의적 가능성에 대해 개방적이 된다는 점을 강조한다. 그는 이러한 변화는 노인 자신과 가족 및 사회관계에서 정체성 발견과 적응을 목적으로 하는 재활 근거가 된다고 한다.

그럼에도 이와 같은 의도와 목적에 근거한 재활 관점의 노인미술치료에서도 노인의 개인적, 사회적 배경이 다양하므로 미술치료의 목적과 개입, 평가에 세심한 주의를 기울여야 한다. 이와 관련하여 미술치료사는 노년학과 노인재활 전반에 대한 지식을 가져야 하며, 노인환자의 상황을 다각도로 보는 관점과 팀 작업과 노인의 개인적 능력을 현실적으로 평가하여 치료와 재활을 동시에 고려할 수 있어야 한다.

Henley(1986)는 미술치료사는 장애 노인환자를 위해 프로그램을 구조화하고 장애를 극복하기 위한 적절한 도구들을 개발하여 환자가 성공적 경험을 할 수 있도록 도와야 한다고 강조한다. 노인 대상 재활미술치료의 방법적 접근은 노인 개인의 증상에 근거하여 노인의 가능성과 한계점을 구체적으로 분석하고 평가하며, 프로그램을 구조화하고 세분화하여 미술치료 과정에 효과적으로 적용하는 것이다.

Wenge(1993)는 노인미술치료에서 심리적 관점과 재활 관점을 함께 고려한 심리재활 특성을 다음과 같이 요약한다.

첫째, 창의적 미술활동에서 현재 시간을 집중적으로 체험하고 즐긴다. 둘째, 미술 영역을 통하여 과거와 현재와 미래의 경계를 통합한다. 과거의 기억을 현실화하는 경험을 하며, 삶을 정리하고 죽음을 준비할 수 있게 된다. 셋째, 내적 만족과 자기인식과 자기의식이 구축되며 불안이 감소한다. 넷째, 환자의 건강한 부분을 강화한다. 미술활동을 통하여 노인환자는 간호를 받는 존재만이 아닌, 능동적으로 활동할 수 있는 존재라는 것을 인식한다. 이를 통하여 자신의 문제와도 능동적으로 대면할 수 있게 된다. 다섯째, 노인의 정신적, 영적 부분을 활성화하며, 집중력과 감각기능을 강화한다. 여섯째, 병의 원인과 병리적 생활의 상관관계를 인식한다. 삶을 회고하고 살아가면서 겪은 고통을 말로 표현할 수 있게 된다.

3) 전체 감각통합 및 감각균형 영역

Ayres(1984)는 뇌와 행동 연구에서 신경생리학적 모델에 근거하여 아동의 인지, 정서, 운동 감각의 장애를 설명하기 위한 목적으로 감각통합(Sensorische Integration: SI) 이론을 제시한다. 감각통합이란 뇌 감각자극의 의미 있는 질서와 분류며, 그렇게 함으로써 인간은 자신과 자신의 환경을 정확하게 인지하고 학습능력을 갖추며 환경 조건에 적절하게 반응할 수 있는 것이다. 여기에서 감각통합은 뇌와 중추신경계와 관련이 있는데, 그곳에서 모든 감각체계가 통합되어야 한다는 견해다. 다시 말해서 각각의 감각 영역은 상호 연결되어야 하는데, 그렇지 않으면 기능의 장애를 일으키며 교착, 과잉기능 혹은 과소기능의 과정이 일어난다.

따라서 Ayres의 감각통합치료의 목적은 아동의 장애증상을 제거하기보다 학습장애를 유발하는 신경학적 기능장애를 변화시키는 데 있다. Ayres(1979)는 감각통합치료를 통하여 뇌 용량을 확장할 수 있다고 한다. 즉, 감각통합치료를 통하여 뇌는 더 나은 지각력과 기억력과 운동처리 능력을 개발한다는 것이다. 이러한 감각통합의 견해는 아동뿐만 아니라, 모든 연령의 대상에게도 고려해야 할 점이다. 뇌 손상으로 인해 감각기능이 손상된 노인환자뿐만 아니라, 노화로 인한 감각기능의 일반적 쇠퇴에도 감각의 통합적 치료모델을 적용할 수 있다.

Brüggebors(1992)는 Ayres의 감각통합 모델에 대한 비판으로 전체 감각통합(Holistische Sesorische Integration: HSI)을 제시한다. Brüggebors는 Ayres의 생리적-신경심리학적 감각통합이론이 교육과 특수교육과 치료에 중요한 역할을 한다는 것을 인정하지만,

이 이론은 인간을 기계적 존재로 보는 '환원론적 인간상'에 근거한
다고 지적한다. 다시 말해서 Ayres의 이론은 인간의 '존재'와 '기능'
의 차원을 분리함으로써 인간에 대한 전체적 고찰을 간과하고 있
다는 것이다. Brüggebors의 비판에 의하면 Ayres의 감각통합은 근
본적으로 신경생리학적 근거에 따른 치료로서 인간을 자극-반응-
도식으로 환원한 개념이다. 그 결과 감각통합은 일원적 이론으로
2개의 본질, 예를 들어 정신과 영혼, 육체와 영혼, 물질과 정신이
있는 것이 아니라 단지 1개, 다시 말해 '물질=뇌'라는 것이다. 이에
대해 Brüggebors는 인간을 전체론적 입장에서 보아야 한다는 관
점을 강조한다.

예를 들면, 감각통합에서는 환자 혹은 내담자의 감정이 중요
한 것이 아니라, 관찰과 진단, 실행능력, 인지능력과 환자의 손상
을 우선으로 여긴다. 그러나 '전체 감각균형(Holistische Sensorische
Balance: HSB)'에서는 감각적 해석과 치료와 참여적 관찰을 통하여
반영되는 의식화의 발달을 중요하게 여긴다(Brüggebors, 1994).

이러한 견해는 물리학자 Capra(1982/1995)가 모든 현상은 데카
르트식의 기계론적 생명관이나 생의학적 모델을 벗어나 물질적,
생물적, 심리적, 사회적, 문화적으로 상호 연결되어 있으며, 상호
의존한다는 새로운 패러다임을 제시한 것과 맥락을 같이한다. 이
들은 생물학과 의학이 생명의 기계론적 성질과 기능에 몰두하면서
종합적 본성을 탐구하는 데 소홀했다는 반성에서 출발한다. 여기
에서 '관계'와 '통합'이 중심 역할을 한다. 이와 같은 관점은 '새로운

비전'을 제시하며, 더 이상 '무엇'을 인식하느냐가 아니라, '어떻게' 라는 질문이 중심이 된다. 이와 관련하여 Wilber(2007/2014)의 통합비전도 참고할 수 있다.

Brüggebors는 전체 감각통합을 주장하면서 우리의 감각이 기계처럼 기능하는 것이 아니라 의식의 의미를 실현한다는 것이라고 강조한다. 이에 치료의 본질은 기계적 치료과정인 감각운동 연습이 아니라, 우리에게 의미를 전달하는 감각에 대한 해석과 감각을 통하여 치료과정에 상호 의사소통이 있는 통찰의 과정을 실현하는 것이다. 따라서 감각은 우리에게 의미를 전달하고 그렇게 하여 신경생리학의 기계적 과정보다 더 많은 의미를 지닌다는 견해다.

노인미술치료 접근 중 한 부분으로 뇌의 기능과 뇌와 감각기능의 관계, 감각기능에 대한 통합 혹은 전체적 관점에 대한 인식에 근거하여 전체 감각운동의 자극을 통한 접근을 고려할 수 있어야 한다. 여기에서 주의할 것은 노인의 뇌 손상, 감각 손상 자체만을 치료의 중심으로 보는 것이 아니라, 노인의 삶을 전체적 조망에서 보면서 치료에 임하는 것이다. 이에 근거하여 미술치료에서 재료, 기법을 감각통합과 감각균형을 위한 도구로 적용하면서, 미술의 창조성, 주제와 치료중재를 노인의 전체 삶과 관련하여 상호 연결할 수 있도록 준비해야 한다.

따라서 노인미술치료사는 뇌 손상과 관련하여 환자의 뇌 손상 부위와 기능부분을 인지하여 매체와 기법을 통하여 자극을 주도록 하여야 한다. 또한 이러한 자극이 기계적 자극과 반응의 차원이 아니라, 미술의 창조적 과정과 노인에 대한 인간학적 이해와 치료적 개입과 상호 관련성을 맺을 수 있어야 한다.

지적장애, 뇌졸중, 치매의 뇌 손상에는 각기 다른 원인이 있지만, 미술치료에서 감각의 기초 자극은 노인의 뇌 활성화에 기여한다는 의미에서는 비슷한 역할을 한다. 매체와 관련한 감각자극은 서로 다른 뇌 혈액순환 모형을 자극하는 것으로 좌뇌와 우뇌의 자극에 영향을 준다.

이에 근거하여 미술치료 기법에서는 시각적, 운동적, 촉각적, 후각적, 청각적 자극의 오감의 전 자극을 동반하여 뇌 운동을 촉진시킬 방법을 개발할 수 있다. 여기에서 감각통합의 관점을 고려하여 감각전환의 방법을 장려하고 감각에 대한 균형을 이루도록 하는 것이 필요하다. 노인들의 감각기억과 운동기억을 활성화하여 미술활동에 연결한다. 이러한 연결활동은 감각과 운동의 기억능력 활성화만이 아니라, 그와 관련된 많은 기억은 정서와도 밀접한 관계를 지니고 있기 때문에 치료에 중요한 역할을 한다.

4) 창의성 영역

미술치료가 다른 연령에는 창의성을 중요하게 다루고 있는 것 (Bachmann, 1993; Bloch, 1982; Rubin, 2005 등)에 비해, 노인과 창의성과 미술치료의 관계를 다룬 사례나 연구는 미비하다. 이러한 현상은 노인미술치료 연구 자체가 다른 연령의 연구보다 적은 것도 이유가 되지만, 노년기 창의성에 대한 인식과 의미와 긍정적 기대가 적은 것과도 상관관계가 있다. 노인 연구에서 노인은 자주 '정서의 결여, 무기력, 의욕 상실'(Lehr, 1991) 등의 현상을 보이며 정신활동이 감퇴한다는 입장을 보였다. 이러한 인식이 일반화되어 노인에게 창의적 활동의 기회가 주어지지 않았다고 볼 수 있다. 이로 인해 노인의 창의적 활동을 위한 실제적 접근과 이론적 연구 또한 미비한 실정이다.

노인미술치료에서 노인은 미술활동을 통하여 주체적으로 선택과 결정을 하며 활동과정에서 일어나는 심리적 역동을 경험한다. 이것은 Frankl(1985)이 인간은 무엇인가를 결정하는 존재며, 의미를 찾는 존재라는 관점과 연결하여 생각할 수 있는 과정이다. Frankl은 그가 만난 환자들 대부분은 더 이상 Freud 시대처럼 성의 문제나 Adler가 주장한 열등감이 아니라, 실존적 좌절, 절망적인 무의미감, 즉 실존적 진공 상태에 대해 이야기하는 것을 경험하였다. 노인들은 인생의 마지막 단계에서 이러한 절망감과 위기에 직면하기 쉬우며 자신의 삶에 대한 의미를 진지하게 묻게 된다. 특히, 이들이 심리적·신체적으로 고통받고 있는 경우는 더욱 그러하다. 이와 관련하여 Frankl은 Maslow의 욕구이론에서 하위단계가 충족되면 상위단계의 욕구로 간다는 것을 인정하지만, 다른 한편으로는 하위단계가 충족되지 않았을 때도 인간은 의미에 대한 질문을 할 수 있다는 것을 강조한다. 그는 자신의 나치 수용소에서의 경험을 토대로 하여 인간은 인생에서 최악의 상황에 직면할 때 삶의 의미에 대한 질문이 강해진다는 것을 증명한다.

Frankl은 삶의 의미를 찾는 방법을 세 가지 제시한다. 무엇을 행하거나 실현하는 것, 어떤 것을 체험하고 누군가를 사랑하는 것, 희망이 없는 상황에도 의미를 찾는 것이다. Frankl은 그가 제시한 세 번째 상황, 즉 인간은 피할 수 없고 바꿀 수 없는 운명에 직면할 때도 인생의 의미를 찾아 그것을 변화시킬 수 있다고 강조한다. 노년의 삶은 피할 수 없이 다가온 죽음, 가깝고 친숙했던 사람들과 이별하거나 상실을 겪는 실존적 문제에 직면하게 된다.

노인미술치료는 이러한 상황에서 심리적 불안정, 불안, 우울감을 가지는 노인에게 삶의 의미를 찾도록 동행할 수 있다. 예술활동과 창의성에 근거한 미술치료의 구상은 미적 활동을 통해서 개인의 건강한 잠재력을 활성화시켜 신체적 · 심리적 · 정서적 문제나 병을 약화시키거나 치유 및 예방하는 것이다. Frankl의 삶의 의미에서 무엇을 행하거나 실현하고 체험하는 것인 예술 체험은 창의성과 밀접한 관련을 지닌다.

노인은 노인미술치료를 통하여 자본주의적 의미의 생산력과는 다른 시각인 '자기 스스로 생산적이 되는 것'과 '자기 스스로 창의적이 되는 것'(Glaser & Röbke, 1992)을 체험할 수 있다. 즉, 노인들은 미술치료 과정을 통하여 과거에 관심을 가졌거나 즐겨했던 미적 표현을 재경험하거나, 혹은 낯설지만 과거와는 다르게 자신을 표현하는 방식을 경험하게 된다. 여기에 창의성의 특성인 개방성과 유동성과 조형화 능력이 자연스럽게 동반된다. Harrison(1980)

은 노인들이 그림 그리기, 기억이나 옛 사진을 통한 작업 등의 창의적 활동을 통하여 삶을 긍정적으로 경험한다는 것을 보고한다.

심리적·정신적·신체적 문제를 안고 있는 사람과 예술을 통한 창의성의 관계는 미술치료의 입장에 중요한 의미를 지닌다. 미술치료가 인간의 창의성을 근거로 하여 개인이 가진 잠재력을 개발할 뿐만 아니라, 개인의 문제점을 극복하도록 돕는다는 점과 관련하여, 미술치료사는 노인 내담자의 창의성 관점을 간과하지 않는 것이 필요하다. 노인들은 미술활동을 통한 창의적 과정을 경험하면서 정신적·심리적 문제를 수용하고 극복하는 기회를 가지며, 자신감, 자기표현력, 자기존중감, 자기신뢰감을 체험할 수 있게 된다. 예술활동은 '자기수용을 장려'(Glaser & Röbke, 1992)하는 치료적 역할을 한다. 미술치료는 '노인의 창의성과 자기 성취를 도울 뿐만 아니라, 노년기에 빈번하게 발생하는 다양한 병의 회복과 병으로 인한 심리적 불안감과 두려움을 돕는 데 중요한 역할을 한다'(정여주, 2005).

몰두와 즐거움과 회상을 경험하는 창의적 활동은 근심, 병, 통증 등을 완화하거나 분산할 수 있다. 환자들은 심리적, 육체적 장애에 모든 주의력을 집중함으로써 정신 에너지의 차단을 불러일으킬 수 있는데, 창의적 활동을 통하여 심신의 에너지를 흐르게 하고 재생산할 수 있게 된다. Stephenson(2013)은 노인미술치료 프로그램의 목적은 노인들의 예술적 정체성을 발전시키는 것, 창의적 작업을 통한 목표의식과 동기의식을 활성화하는 것, 미술을 다른 사람들과 연결하는 다리 역할로 사용하는 것과 노령초월 달성 움직임을 지원하는 것으로 추천한다. Stephenson은 노인들은 미술활동으로 타인에게 예술가로 여겨지는 것이 아니라, 자기 스스로 예술가로 여긴다는 것이 가장 중요했으며, 나아가 예술활동은 자신이 늙어 가는 것을 수용하게 할 뿐만 아니라 목표의식, 자기수용과 자신감에 기여한다는 것을 강조한다. 그녀는 노인들이 미술치료를 통해 무엇보다 만족감, 자기효능감과 지혜와 노년에 대한 도전을 계속하는 것을 보여 주었다고 한다.

노인에게 미술치료의 창의성은 재활 영역과도 밀접한 관련이 있다. Schoeneberg(2002)는 재활 관점에서 미술활동을 문제해결 과정과 창의적 과정에 이용할 수 있다고 본다. 그에 의하면 노인미술치료에서 노인 내담자 및 환자는 미술활동을 통해 '건강한 자기 몫까지 가는 교량을 만들 수' 있다. 여기에서 창의성은 '과도한 무능력감에 대한 방어력을 구축'하는 역할을 한다는 것이다. 또한 그는 미술치료의 중요한 요소인 다양한 매체를 통한 실험적 활동과 현실의 재현 및 재생산, 작품과 활동과정을 통한 자극, 치료사 혹은 집단원들과 활동에 대한 대화를 나누는 것 등은 노인에게 정서적·신체적·인지적 자극을 제공하여 자신과 현실에 대한 새로운 해결방안을 마련할 수 있다고 평가한다.

노년기의 창의적 활동과 관련된 미술치료는 노인 자신의 삶 전체를 회고하고 미래의 삶을 통합할 수 있는 정체성 발견이라는 의미에서, 노인뿐만 아니라 노년기를 준비하는 사람에게도 건강한 노년을 유지하기 위한 예방 차원의 역할도 한다. 이와 관련하여 '노년기 삶에 중요한 의미를 지니는 창의적 삶을 어떻게 유지하며 개발하여야 하는가?'라는 질문을 제기할 수 있다. 이에 대한 답은 노인 개인의 삶의 태도와 의지에 달려 있는데, 그중에서도 예술활동을 통한 창의적 삶의 유지 및 개발을 들 수 있다. 특히 미술치료는 건강한 노인에게 창의성 개발과 더불어 미래에 일어날 수 있는 심리적 · 신체적 · 사회적 문제를 예방하며, 노인환자에게는 치료적 관점에서 접근할 수 있다.

이와 관련하여 노인미술치료는 노인에게 삶의 위기와 노년의 생활을 운명으로 받아들이는 수동적 자세에서 자신의 위기 상황을 적극적으로 대면하는 도움을 준다. 나아가 이러한 능동적 과정은 노인에 대한 일반적 인식을 바꿔 줄 수 있다. 예술활동에서 자신의 삶을 회고하며 현재에 직면하고 미래를 연결할 수 있는 것이 치료적 접근이다. 이러한 점에서 노인에게 미술치료는 자신의 창의성을 새롭게 개발하며, 나아가 자기존재와 일체감을 느끼게 하는 중요한 기회다. Cossio(2002)는 과거에 미술활동을 하지 않았으며 평소에 말을 하지 않던 여성 치매 환자가 미술치료 회기 중에 자신의 작품이 완성되는 것을 보고 "Beautiful…… beautiful…… I made this!"라고 혼자서 말하던 사례를 전한다. Cossio는 이 사례를 통해 미술치료가 치매 환자의 자기효능감 증진과 창의적 능력과 개인의 건강한 영역들이 활성화됨으로써 통합과 재조화의 과정을 불러온다고 한다.

Schuster(2000)는 집단미술활동에 참가한 노인들 대상의 설문을 통하여 그림활동에 대한 견해를 요약하였는데, '그림을 통한 이완 경험'이 전체 참가자의 61%, '단조로운 일상에서 벗어나는 기회'가 57.3%, '새로운 기획정신을 발견하는 기회'가 40.4% 순으로 나타났다. 여기에서 이완은 예술활동의 특징인 '카타르시스'(Kluge, 1973)에 해당한다. '일상에서 벗어나는 것'과 '기획정신'은 창의성의 특징인 '새로운 것에 대한 체험'과 '개방성'(Brodbeck, 1995)과 같은 의미를 지닌다. Cohen 등(2006)은 창의적 예술활동 프로그램에 참여한 노인집단은 참여하지 않은 통제집단보다 정서적 · 신체적 건강이 더 향상되었다는 연구를 발표하였다.

이러한 사례를 통하여 재확인할 수 있는 점은 노년기의 창의적 활동은 '인성을 통합하는 기능과 개인적 정체감 경험'(Sprinkart, 1979)에 큰 몫을 차지한다는 것이다. 예술활동은 인간의 '주체적 경험'(Weinert, 1992)으로서 새로운 능력을 직접적으로 '실험하는 능력이고 효과를 바로 경험하며, 창의적이고 즐거움을 동반하며, 편협성을 풀어 주는 자기 경험'(Zahn, 1993)이다. 또한 Stephenson(2013)은 노인미술치료 연구를 통해 노인에게 창의성은 자신감, 능력, 영감, 동기유발과 통찰력의 기능과 관계가 있다는 것을 확인한다.

창의적 활동은 노인에게 많은 기억을 불러일으키는데, 이러한 기억이 긍정적이든 부정적이든 노년기 위기를 새롭게 수용하고 순화하는 계기가 된다. Petzold(1985)는 개인의 기억은 개인뿐 아니라 참가한 다른 집단원에게도 매우 중요하고 가치 있는 것임을 강조한다. 바로 이러한 기억과 관련된 주제는 집단원의 결속력을 강화하고 '집단원 중심의 치료'(Petzold, 1985)와 '자신과 타인과 세상과의 관계조직에 대한 체험'(Zahn, 1993)의 기회에 적용하는 데도 중요하다.

4. 노인미술치료 목적

노인심리치료의 일반적 목적은 다른 연령 대상의 치료 목적과는 달리 노인이 '살아온 삶에 균형을 이룰 수 있도록 돕는 것, 돌이킬 수 없는 상실감을 극복하고 삶을 마감하는 것을 돕는 것'(Petzold, 1985)이다. 이러한 목적은 노인미술치료에도 포괄적으로 적용될 수 있다. 그러나 미술치료의 이러한 목적 외에도 대상에 따라 구체적인 목표를 세울 수 있다. 즉, 미술치료는 미적 활동을 통하여 노인의 신체적·정서적·심리적·심리사회적·영적 안녕을 회복하거나 유지하는 데 초점을 맞춘다.

이와 관련하여 노인미술치료의 목적과 접근방법은 개인의 심리적·정서적·신체적·인지적·사회적 기능을 고려해야 한다. 또한 미술치료를 통하여 병이나 장애로 인한 심리적, 심리사회적 후속현상의 문제를 도울 수 있어야 한다. 이러한 점에서 노인미술치료의 목적은 개인의 상황에 따라 강조점이 바뀔 수 있는데, 즉 일차 목표와 이차 목표가 교체될 수 있다. 그러나 이러한 목표는 분리되는 것이 아니라 밀접한 상관관계가 있다. 노인미술치료는 기간에 따라 단기와 장기목표를 고려해야 한다.

다음은 미술치료의 장애나 병의 극복 및 완화 관점과 창의적·자기실현적 관점의 목표다. 대상은 노인우울증, 노인치매, 뇌졸중, 파킨슨병 등을 겪는 노인들이다. 이러한 관점은 환자 및 내담자의 문제에 따라 강조점이 다를 수 있으나 분리되어 적용되기보다 치료적, 예방적 차원에서 대부분 공통의 목표로 연결된다(정여주, 2014; Chatterjee, Chancellor, & Duncan, 2014; Cossio, 2002; Dommer, 1990; Linde, 2004; Menzen, 2001; Petzold, 1985; Schröder, 2004; Smit, 2004; Spreti, 2004; Truzenberger, 2004; Wadeson, 2000; Weiss, 1984).

1) 장애나 병의 극복 및 완화

- 심리적·정서적·신체적 활동을 가능하게 한다.
- 신체 및 감각-지각기능의 장애와 노인성 정신장애를 완화하거나 회복한다.
- 손상되지 않은 뇌의 영역이 손상된 영역을 위임받아 새로운 생산과정의 뇌 활성화를 이룬다.
- 뇌구조의 활성화를 위한 기억활동, 보유활동, 반복활동, 재생산활동, 강화활동을 촉진한다.
- 과거 능력을 부분적으로 회복하게 하여, 오리엔테이션 가능성과 활동 가능성을 제공한다.

- 장애 수정보다 보유 능력을 유지한다.
- 기억력과 사고력을 촉진한다.
- 집중력과 몰두의 경험을 증진한다.
- 통제 및 조절능력을 활성화한다.
- 일상의 활동능력을 활성화하여 재활 기회를 가진다.
- 의사소통을 용이하게 한다.
- 심리적 안정감과 자신감을 얻는다.
- 정체성을 회복한다.
- 용기, 의지력, 즐거움을 경험하며, 자아존중감과 삶의 질을 향상시킨다.
- '여기 그리고 지금'의 경험, 내적 현실과 외적 현실을 경험한다.
- 지남력과 현실 감각을 유지하고 촉진한다.
- 의존성과 혼돈 상황을 극복한다.
- 웰빙과 즐거움, 카타르시스와 해방감과 위안을 경험한다.
- 과거의 능력을 부분적으로 회복하여, 활동 가능성을 확대한다.
- 자아상실감을 극복하여 '존재의 의미'와 주체성을 유지한다.
- 타인과의 상호작용 기회와 연대감을 경험하고 강화한다.

2) 창의적 · 자기실현적 관점

- 주체적이며 능동적 체험을 통하여 잠재력과 창의성을 계발한다.
- 삶을 회고함으로써 균형 있고 조화로운 현실생활을 유지한다.
- 의미 있는 활동을 통한 '존재의 의미'를 확인하고 강화한다.
- 주체적 존재를 인식하며 정체성을 유지한다.
- 정서적 풍요의 경험과 자존감을 유지한다.
- 삶과 죽음을 통합할 수 있는 통합력과 지혜를 얻는다.
- 자신의 삶을 수용하며 독립성과 자아실현을 이룬다.
- 참여성, 생산성, 능동성을 유지한다.
- 사회적 관계를 유지하고 증진한다.
- 자기 존엄성을 인식한다.

5. 노인미술치료 영역과 기대효과

노인미술치료의 영역과 기대효과는 치료 대상과 치료 목적과 치료 방향 및 목표에 따라 강조점이 다를 수 있다. 노인미술치료는 정서 영역, 인지 영역, 감각 및 운동감각 영역, 심리사회 영역의 네 가지 영역으로 분류할 수 있으며, 그에 따른 기대효과는 다음과 같다(정여주, 2005, 2014; Ganβ & Linde, 2004; Menzen, 2004; Petzold,

1985; Rosenberg, 2009; Schoeneberg, 2002; Weiss, 1984; Wenge, 1993).

1) 정서 영역

- 갈등, 욕구, 소망 등의 심리 · 정서를 비언어적으로 표현할 기회를 갖는다.
- 억제된 감정을 표출함으로써 카타르시스를 경험한다.
- 심리적 안정감과 자신감을 갖는다.
- 자율성과 수용력과 심리적 여유를 회복한다.
- 긍정적이고 개방적이 된다.
- 심리적 긴장감을 이완하고 긍정적인 사고와 즐거운 생활을 할 수 있다.
- 삶의 변화를 인정하고 수용한다.

2) 인지 영역

- 기억력, 사고력 촉진을 통한 인지력의 활성화와 현실감각이 향상된다.
- 갈등이나 문제 해결력이 확장된다.
- 환경과 사물에 대한 민감성을 유지한다.
- 집중력이 향상된다.

- 자기인식과 자기고찰 능력이 활성화된다.
- 색채감각, 형태감각과 공간지각 능력을 증진한다.
- 아이디어가 증가되며 평가 및 비판능력이 향상된다.

3) 감각 및 운동감각 영역

- 시각, 청각, 촉각, 미각, 후각의 감각능력이 유지되고 활성화된다.
- 대근육 및 소근육 운동의 기능이 향상된다.
- 감각 상호 간의 협응력이 증진된다.
- 미술도구나 재료 사용에 대한 자율성과 통제력이 증진된다.
- 뇌활동이 활성화된다.

4) 심리사회 영역

- 집단에서 자신을 표현하고 개방할 수 있는 기회가 증가한다.
- 일상생활에 더 잘 적응할 수 있게 된다.
- 타인과 환경에 대한 수용력과 이해력이 향상된다.
- 삶의 경험을 나눌 기회가 증가한다.
- 공동의 관심사를 통한 공동체 의식을 공유한다.
- 사회적 관계에 통합성을 함양한다.

6. 노인미술치료 치료형태

노인미술치료는 개인미술치료, 집단미술치료로 나눌 수 있다. 개인미술치료는 '환자 중심'으로 이루어지는 경우가 많으며 환자의 퇴행과 병의 정도에 따라 적절한 주제, 재료, 기법을 사용할 수 있다. 집단은 소집단, 일반집단에서 폐쇄집단과 개방집단으로 분류될 수 있다. 폐쇄집단은 집단미술치료의 공동 목적을 가지고 일정한 기간 동안 정해진 참가자들만으로 이루어진다. 이러한 집단은 건강한 노인집단 또는 장애나 병의 증상별로 나뉠 수도 있다. 예를 들어, 자기성장 집단, 노년기 심리적 웰빙 집단, 치매 환자 집단, 암 환자 집단, 뇌졸중 환자 집단, 우울증 환자 집단, 알코올 환자 집단, 장애노인 집단 등을 들 수 있다.

개방집단에는 참가자들이 원하는 때에 집단에 참여할 수 있다. 이러한 경우는 노인들이 병원에 입원해 있는 동안만 참여하는 상황일 때가 많다. 일반적으로 노인병원이나 기관에서는 집단미술치료를 선호하여 실시하고 있다. 다른 한편으로는 자기성장이나 노인병의 예방 차원을 위한 오픈 스튜디오 형식으로 참여자가 자율적으로 선택하는 미술치료 체험 등도 활성화되고 있다.

집단미술치료는 환자들이 사회적 관계를 지속할 수 있으며, 공동의 주제를 나눌 수 있는 장점이 있다. 노인환자들은 익숙한 것의 반복행동이나 활동을 통해 안정감을 얻기 때문에, 회기마다 반복되는 의례와 같은 구조적 접근형식이 필요하다. 예를 들어, 활동 날짜와 요일 말하기나 시작과 종료에 눈 마주치며 손잡고 인사하기, 안아 주기, 좋아하는 노래하기, 음악에 맞추어 몸 움직이기와 등 두드려 주기와 손뼉치기 등이 있다.

1) 개인미술치료

개인미술치료는 병원이나 요양소 혹은 개인 집에 거주하는 노인에게 적용된다. 이들은 신체적으로 집단미술치료에 참가하기 어려운 상황이므로, 개인의 증상과 요구에 따라 치료사와 개인적으로 미술치료를 할 수 있다. 미술치료사는 환자 개인의 병의 정도와 상황을 분석하여 그에 맞추어 치료적 접근을 한다. 이때 미술치료를 위한 공간은 노인 시설의 환자 방이나 개인 공간이나 집이 될 수 있다. 거동이 어려운 환자들은 휠체어나 침대에서 미술치료를 받을 수도 있다. 이때 치료사가 미술도구와 재료를 준비해 가거나 병실에 비치해 둘 수 있다.

개인미술치료 형태는 맞춤형 미술치료를 할 수 있는 장점을 지닌 내담자 중심 미술치료다. 타인에게 말하지 못한 개인사나 트라우마 등에 대해 노출을 꺼려 하거나 타인에 대한 신뢰를 어려워하거나 집단의 구조적 미술치료를 거부하는 노인에게는 개인미술치료가 더 적절할 수 있다.

미술치료사는 개인미술치료를 통한 변화와 가능성과 한계점을 구체적으로 평가하여 가족 및 보호자에게 전한다. 개인미술치료를 하다가 치료사의 판단과 환자의 동의에 따라 집단미술치료로 전환할 수도 있다.

2) 집단미술치료

집단미술치료는 소집단 형태, 오픈 스튜디오 형태 및 집단 형태로 나눌 수 있다. 집단미술치료가 많이 이루어지는 곳은 노인시설, 노인병원, 양로원, 치매센터 등이다. 이러한 시설에서의 집단미술치료는 노인환자들의 삶을 마지막까지 보호해 주는 기능만이 아니라, 그곳에서 일상생활도 가능하다는 것을 인식시켜 줄 수 있다.

소집단 형태는 2~4명 정도다. 소집단은 같은 병실이나 방을 사용하거나 동일한 병이 있는 환자들을 대상으로 이루어질 수 있다. 또한 가족치료도 가능하다.

오픈 스튜디오 미술치료는 개방집단으로 환자들이 일정 기간에만 참여하기보다 항상 개방되어 있어 본인의 의지와 관계자들의 추천에 따라 언제든지 참여할 수 있다. 집단 인원은 일반적으로 8~10명 정도다. 집단미술치료에서는 참가자들과 치료사가 상호활동과 의사소통관계를 원활하게 할 수 있으며, 각 개인에게도 적절한 대화의 시간을 제공할 수 있다. 집단미술치료를 통해 참가자들은 정서적 활기, 타인과 의미 있는 활동과 대화 등을 유지할 수 있을 뿐 아니라, 집단원들과 사회적 관계를 지속할 수 있는 기회를 가진다.

집단미술치료의 장점을 Petzold(1985)가 제시한 노인집단치료의 특성과 관련하여 살펴보면 다음과 같다.

첫째, 집단은 정체성의 모체가 된다. 사회적 정체성의 위기 상황인 노인에게 집단활동은 정체성을 유지하고 발전시킬 뿐만 아니라, 정체성 손상이나 상처를 회복시켜 줄 수 있다.

둘째, 집단은 노인이 지닌 자원의 저장고 역할을 한다. 여기서 자원이란 '적절한 삶의 질을 보장하고 삶의 문제를 극복하기 위하여 필요한 모든 물질적 · 신체적 · 심리적 · 인지적 · 사회적 수단'이다.

셋째, 집단은 노인에게 상호 교환적 조력을 하는 중재자이며 자기 통제의 장이 된다. 노인들은 집단에서 상호 조력을 경험함으로써 '통제력 상실, 고통, 우울, 체념, 죽고 싶은 생각, 희망이 없는 생활이나 느낌, 수동적 인내'와 같은 파괴적 감정이나 생각을 극복할 수 있다.

넷째, 집단은 노인에게 사회적 관계를 발전시키며 과거를 재구성하는 기회를 제공한다. 여기에서 노인들은 과거의 일과 공통된 경험에 대한 이야기, 조형작업, 모임 등을 나눌 수 있다.

다섯째, 집단은 신체 접촉이 이루어지는 장소가 된다. 노인은 다른 연령보다 신체 접촉 기회가 적기 때문에 집단활동에서 신체표현과 신체 접촉을 통하여 신체감각을 재획득할 수 있다.

여섯째, 집단은 공동의 의미를 발견하는 장이 된다. 여기에서 노인은 삶과 죽음, 선과 악에 대한 주제 등을 통하여 삶의 의미와 가치를 나눌 수 있다.

7. 노인미술치료 구상

노인미술치료 구상은 이론에 근거하여 임상에 효과적으로 적용하기 위한 설계로 '치료 대상 및 형태, 내담자 상태와 치료사의 치료 방향과 목표에 따라 특수화되고 구체화'(Wenge, 1993)된다. 이러한 구상은 개방적이고 탄력적으로 이루어지며 평가를 통하여 재구성할 수 있어야 한다. 미술치료 구상을 위해 주제, 매체, 기법, 시간 및 공간, 미술치료 과정에 대해 살펴보고자 한다.

1) 주제

노인미술치료의 주제는 평생 동안 익숙하던 일상생활 주제 및 정서와 관련된 것으로 제시할 수 있다. 구체적으로 삶을 회상하는 주제, 자신에게 중요했던 사건이나 경험, 삶을 마감하기 위한 준비, 정체성 체험, 죽음에 대한 불안, 상실감, 희망, 소원, 과거·현재·미래, 삶에 대한 긍정적 인식, 영적·종교적 체험의 표현과 창조성의 장려 등이 있다. '정신적으로 깨어 있는 상태, 세계와 연결 고리, 즐거움과 긍정적 체험'(Mees-Christeller, 1995)도 노인에게 자극과 의미를 줄 수 있는 주제다. 노인의 운동성과 감각기능의 활성화를 위한 주제도 고려해야 한다. 또한 계절, 명절, 생일 등과 같이 반복되는 주제를 시기에 맞게 적용할 수 있다. 노인의 과거 기억과 반복되는 의례를 주제로 연결하는 것은 '현재를 거부하는 것이 아니라, 자신과 하나 되는 것, 통합되는 것, 무의식적 순환의 표시'(Linde, 2004)를 재경험하기 때문이다.

이와 관련하여 노인미술치료사는 노년의 주제가 되는 죽음, 병, 외로움, 불안, 문제점 등에만 국한하지 않고, 노인에게 정서적 활기와 심리적 안정감과 신체적 문제를 보완해 줄 수 있는 것에도 초점을 맞추어 다양한 주제와 기법을 개발한다.

노인미술치료 주제는 치료사와 노인 개인 및 노인집단의 병의 유형 및 상태와 치료단계, 신뢰 정도, 개인의 특성에 따라 변경 및 조절될 수 있다. 이러한 주제는 내담자가 스스로 선택하는 자유주제와 치료사와 내담자가 함께 선택하는 경우와 치료사가 제시하는 경우로 나눌 수 있다.

이에 근거하여 노인미술치료 주제와 미술치료 현장에서 실시할 수 있는 프로그램과 활동 내용을 제시하면 다음과 같다.

• 일상 주제: 노인의 삶에서 익숙하여 무의식적으로도 가까이 있고 현실감을 경험할 수 있는 것들이다. 음식, 식기 및 주방기구, 옷, 침구류, 장보기, 생일, 명절 및 잔치, 꽃밭 가꾸기, 식탁 차리기, 쇼핑, 나들이, 반려견 키우기, 자식과 손자녀 그리기,

좋아하는 꽃/동물/활동, 애장품 등

- 가족관계 주제: 가족사진, 가족 생일, 결혼, 출산, 결혼식, 이별, 자녀 및 손자녀 돌잔치, 장례, 가족여행, 자녀 입학 및 졸업 등
- 회상 및 기억 주제: 살면서 가장 생각나는 것, 어릴 적 놀이와 활동, 과거에 하고 싶었던 활동과 취미, 휴가, 여행, 소풍, 고향 풍경, 고향 친구, 과거 살던 집, 학창 시절, 결혼식, 생일잔치, 유행했던 것(옷, 구두, 모자, 그릇, 일상용품 등), 첫사랑, 연애 시절, 결혼, 임신, 출산, 자녀의 성장, 자녀의 결혼, 가장 아끼던 물건, 가장 많이 사용했던 물건, 기억에 남는 물건이나 소지품, 애장품, 친한 친구, 보고싶은 사람 등
- 희망 및 소원 주제: 과거 · 현재 · 미래 그리기, 소망 그리기, 과거의 꿈, 그리운 사람, 용서하고 싶은 사람, 하고 싶은 활동, 위로하고 싶은 사람, 위로받고 싶은 사람 등
- 정체성 주제: 부모와 자녀, 부부, 가족과 자신의 성격, 장단점, 사회에서의 역할이나 봉사 활동, 과거 직장생활, 동료 및 친구 관계, 자기 삶에 대한 그림 에세이 만들기 등
- 상상 주제: 명상, 꿈, 적극적 상상, 신화, 동화 등에 대한 개인적 투사, 신화나 전설 혹은 이야기 그리기 등
- 삶을 정리하는 주제: 어려웠던 시절, 갈등을 극복했던 일, 용서받고 싶은 일, 용서하고 싶은 사람, 가족에게 주고 싶은 선물, 나의 수의, 묘비에 넣고 싶은 사진/그림, 행복했던 시절, 정리 및 해결하고 싶은 일과 인간관계 등

- 개인의 감정과 정서 관련 주제: 감정 만다라, 외로움, 무서움, 행복감, 감사의 마음, 서운한 마음, 두려움, 즐거움, 과거 기억과 관련된 감정 등
- 감각과 운동성 및 재활 주제: 좋아했던 놀이, 좋아하는 음식/향기/소리/음악/그림 등의 오감 자극 주제, 다양한 감각 매체 관련 주제 등
- 역할 주제: 여성 역할, 남성 역할, 가족 역할, 자식 역할, 며느리 · 사위 · 조부모 역할, 자신의 직업
- 잔치나 축제 주제: 명절 축제, 고향 축제, 결혼, 회갑 등

2) 매체

(1) 매체 선택의 고려사항

노인미술치료 재료 전반에 해당하는 매체는 주제, 목표, 기법과도 밀접한 관계가 있다. 미술치료사는 매체 선택에 환자 및 내담자의 인지, 심리, 감각, 운동감각 상태를 고려한다. 노인미술치료에서는 노인의 기초감각과 근육 운동 및 운동성을 자극하고 촉진하기 위한 매체 선택이 치료 효과에 중요한 영향을 미친다. 또한 재료가 현실감각 활성화와 신체적 · 정서적 이완, 안정감과 자율성에 영향을 주도록 고려한다.

노인미술치료 재료는 감각경험에 비중을 많이 두는데, 이것은 뇌 활동과 개인사와 관련된 기억을 자극하기 때문이다. 환자의 행

동과 경직된 정서를 고려하여 유동적이고 색조가 있는 재료를 사용한다. 미술재료는 활동을 용이하게 하고 손상을 회복할 수 있는 자극과 동기, 흥미를 유발하고 즐거움을 불러일으키는 것을 준비한다.

물감이나 포스터컬러는 플라스틱 접시 등에 미리 덜어 두는 편이 낫다. 손 활동이 둔한 환자를 위해 붓은 큰 것을 사용하는 것이 좋으며, 붓을 잘 잡을 수 있도록 붓대를 스펀지나 천으로 감싸 둔다. 서예를 한 환자 및 내담자를 위해 세필붓도 필요하다. 수채 물감, 물, 점토 등을 사용할 때는 탁자 위를 두꺼운 비닐로 고정시켜 놓는 것이 좋다. 종이는 다양한 종류를 적당한 크기로 미리 잘라 둔다.

미술도구와 매체는 일반적으로 구입할 수 있는 정형화된 도구보다 환자에게 적절하게 변형하거나 보완한다. 특히 뇌졸중 환자가 미술활동 중에 마비로 인한 실수로 수치심이나 위축감을 느끼지 않도록 재료와 미술도구를 세심하게 준비한다. 재료는 작업 탁자에 잘 정돈되어 있어야 하며 몸이나 팔이 마비되지 않은 쪽에 재료를 놓아둔다. 탁자는 환자의 손상 정도와 유형에 따라 바닥에 앉기보다 휠체어나 의자에 앉는 것이 낫다. 이젤을 사용할 수도 있다.

(2) 미술매체

① 기본 재료

- **소묘재료**: 연필, 색연필, 마카, 목탄, 펜 등
- **채색재료**: 수채 물감, 동양화 물감, 파스텔, 크레파스, 파스넷, 먹물, 색연필, 유성사인펜, 사인펜, 핑거페인팅
- **종이재료**: 다양한 크기의 도화지와 켄트지, 와트만지, 색 도화지/켄트지, 색종이, 한지, 색 한지, 색 노끈, 색 습자지, 화장지, 티슈, 신문지, 크래프트지, 스크래치지

② 입체재료

- 점토, 지점토, 색 점토, 고무 점토
- 석고나 석고붕대, 종이죽
- 다양한 목재, 철사, 공예철사, 모루막대
- **천**(색, 문양, 재질 고려): 우단, 면, 마, 모직, 비단, 린넨, 망사, 색 부직포, 가죽, 인조가죽 등
- **실**: 털실, 레이스 실, 무명실, 털
- **끈**: 노끈, 색지 끈, 무명 끈, 새끼 끈, 선물 포장끈
- **솜**: 무명 솜, 캐시미어 솜, 색채 솜
- **스티로폼**: 다양한 크기의 공 모양 스티로폼, 사각 스티로폼, 상자 스티로폼 등
- **자연물**: 곡식, 씨앗, 마른 열매, 조개, 돌, 자갈, 모래, 색 모래, 밀가루, 비단 천, 털실, 한복 천, 한약재(마른 약초), 단추, 마른

꽃잎, 마른 열매, 식재료, 과일 등

- 구슬, 단추, 색 테이프, 반짝이, 성냥개비, 이쑤시개, 빨대, 색 모루, 수수깡, 초, 풍선, 색종이 접시 혹은 플라스틱 접시, 종이 컵, 다양한 병뚜껑, 코르크, 깃털, 스펀지 등
- 우드락, 장판지, 폼보드 등
- 몬테소리 교구, 장난감, 다양한 인형, 동물 인형 등

③ 사진 및 명화재료

- 풍물사진, 인물 및 가족사진, 명화 및 영화포스터(축소 복사), 유행용품 사진

④ 잡지재료

- 풍경, 일상, 과거 유행 옷, 가구, 집기, 일상용품, 연령대별 인 물사진 등이 있는 것

(3) 작업도구

- 다양한 크기의 붓, 붓통
- 팔레트, 이젤, 화판, 나무판(점토나 입체작업용)
- 점토 자르는 줄칼이나 낚싯줄, 점토용 도구, 망치
- 다양한 크기의 가위와 칼
- 풀, 본드, 마스킹 테이프, 글루건과 글루, 목공용 본드
- 플라스틱 통, 아세테이트지

- 픽사티브 스프레이, 테레핀, 스펀지
- 각종 공예기구 세트, 펀치, 도자기용 회전대

(4) 비치용품
- 앞치마, 걸레, 빗자루, 쓰레기통, 양동이
- 뚜껑이 있는 플라스틱 통(점토 보관용)
- 비누, 수건, 휴지, 물티슈

3) 기법

노인미술치료의 기법은 주제와 목표 및 환자의 병에 따라서 달라질 수 있다. 노인미술치료 기법은 주로 노인의 뇌활동, 감각과 근육운동을 활성화시키며, 자신의 삶을 회상하며 정리하는 데 도움이 되는 것을 선택한다. 기법은 단순하고 반복되는 형태에 중점을 둔다. 노인의 신체적 · 심리적 특성에는 일상에서 익숙한 것을 선호하고 익숙한 활동에 편안함과 안정감을 느끼기 때문에 반복적이고 지속적 활동을 할 수 있도록 한다. 이러한 활동은 용기와 성취감과 자신감을 고취할 수 있다. 특히, 치매나 뇌졸중 노인에게는 감각을 자극할 수 있는 기법을 구조화하여 규칙적으로 적용하고 단계적으로 확장하는 것이 중요하다.

일반적으로 제시할 수 있는 노인미술치료 기법은 다음과 같다.

- 감각과 근육 및 운동성 자극 기법: 밀가루나 풀죽으로 그리기와 찍기, 스펀지 찍기, 칫솔 색 찍기, 핑거페인팅 활용, 점토 이용 기법(굴리기, 찢기, 코일링, 찍기, 붙이기, 자르기), 손가락으로 그리기와 찍기
- 데칼코마니 기법: 켄트지나 두꺼운 종이 반쪽에 물감을 두껍게 칠하여 접거나, 전체 종이에 물감을 칠하고 다른 종이를 덮어 찍어 내는 기법
- 습식 채색 기법: 젖은 종이에 수채화 그리기와 물감 찍기
- 콜라주 기법: 주제와 관련하여 자연 풍경, 인물, 패션, 음식 등과 관련된 사진을 오리거나 찢어서 붙이기, 치료사가 사전에 다양한 종류의 사진을 잡지나 신문 등에서 오려 분류해서 제시할 수 있음
- 촉각자극 기법: 각각의 다른 촉각 재료가 들어 있는 주머니나 통을 만들어 안을 만져 보고 알아맞히기, 다양한 흙 종류 만져 보기, 돌 만지기, 천 만지기, 야채/과일 만지기, 꽃/나뭇잎/나무껍질 만지기
- 청각자극 기법: 보이지 않는 내용물을 흔들어 보고 내용물 확인하기, 음악 듣기, 다양한 소리 듣고 맞히기, 녹음된 가족 목소리 듣기 등
- 색, 형태 구별 기법: 몬테소리 색환 및 감각교구 이용 및 응용, 사계절 사진 보기(ppt나 실제 사진 이용), 그림자 알아맞히기와 실제 모습 보기 등

- 색 혼합 기법: 색 점토나 물감이나 크레파스를 이용하여 일차 색의 구별과 혼합, 이차색 만들기, 색과 연상되는 것 그리기로 연결, 마블링과 연상, 데칼코마니, 색 놀이 등
- 만들기 기법: 각기 다른 질감과 색이 있는 천, 종이를 이용하여 인형과 인형 옷 만들기, 동물인형 만들기, 소품 만들기 등
- 인조 꽃이나 자연물 구성
- 손이나 손가락으로 점토 누르기 및 점토 굴리기와 만들기
- 자연물이나 음식재료를 이용한 작업, 자연물/사계절 만다라 만들기 등
- 음악 들으면서 그리는 핑거페인팅, 양손으로 그리기
- 찢기와 미술작업(신문지, 티슈, 색종이 등을 찢어서 구성하기), 찍기 작업(스펀지나 찍기용 소품)
- 만다라 그리기와 문양 색칠하기, 색종이 만다라 오리기, 점토로 집단 만다라 만들기, 색 접시 구성 등
- 모자이크 기법(천, 한지, 색종이 이용), 스티커 구성
- 모빌 만들기
- 가면 만들기와 가면극
- 기하도형 그리기와 기하도형 변형하여 그리기
- 색 명상과 색채 표현
- 하루나 계절의 변화 그리기/만들기
- 곡물과 씨앗을 이용한 미술활동
- 다른 예술과 통합작업

- 둘이서 함께 하는 그림과 입체작업
- 공동화 및 공동작업
- 짚/한지 꼬기와 구성, 색지끈 풀기와 재구성
- 스티로폼 자르기, 붙이기, 구성하기
- 자연물(조개, 자갈, 식물, 모래, 나뭇가지와 나뭇잎 등)을 통한 입체활동
- 명화나 미술작품 따라 그리기 및 재구성
- 동화 듣고 그리기
- 사람이나 동물이나 자연물의 형상 만들기, 자신/사랑하는 사람 얼굴 만들기
- 집단 그림과 집단 입체 작업, 벽화 그리기

4) 공간과 시간

노인병원의 미술치료실은 환자와 보호자의 만남과 휴식의 공간인 휴게실과 같은 대체공간에서 이루어지는 경우가 많다. 노인미술치료의 증가와 미술치료사들의 노력으로 안전하고 편안한 공간 사용이 가능해지고 있지만, '미술치료 영역에 대한 분명한 경계 영역의 부재'(Falk, 2002)는 아직도 존재한다.

노인미술치료의 공간은 노인의 심리적·신체적 문제나 장애 등을 고려하여 넉넉하고 편안한 느낌을 주는 '지지 공간'(Falk, 2002)이어야 한다. 미술치료 공간은 조용한 곳으로 외부의 소음이 잘 차

단된 곳이 적절하다. 휠체어 사용자나 활동 중에 휴식을 위한 소파 등이 있는 공간, 특히 돌아다니는 치매 환자의 행동반경도 고려한 다. 또한 광선이 잘 들어오거나 충분하게 밝은 조명이 있어야 하며 밝기를 조절할 수 있는 블라인드나 커튼이 있는 것이 좋다. 다른 미술치료 공간과 마찬가지로 작업할 수 있는 넉넉한 자리와 활동 한 작업을 말리고 보관할 수 있는 공간도 고려해야 한다. 작업대와 의자도 높낮이나 크기를 선택할 수 있는 것이 필요하다. 미술재료 와 도구들을 손쉽게 이용할 수 있도록 배치해야 한다. 세면대가 같 은 공간에 비치되어야 하며, 화장실도 가까운 곳이어야 한다.

노인의 집을 방문하여 이루어지는 방문 노인미술치료의 공간은 휠체어 사용이나 거동의 여부에 따라 탁자가 있는 거실이나 식탁 이나 병상이 될 수 있다. 집은 미술치료를 위해 준비된 공간은 아 니기 때문에 미술치료사가 가족이나 간병인과 의논하여 자리배치 등을 탄력적으로 적용해야 한다.

노인미술치료에서 시간의 배정은 다른 미술치료와 마찬가지로 중요한 역할을 한다. 노인에게 규칙적이고 반복적인 일상의 리듬 은 현실적 오리엔테이션을 강화하고 안정감을 주기 때문이다. 따 라서 정해진 날짜와 시간을 가능한 유지하도록 하며, 너무 이른 시 간이나 늦은 오후나 식사 전후 시간은 피해야 한다. 일반적으로 노 인집단미술치료가 이루어지는 시간은 60~90분이다. 개인미술치 료는 개인에 따라 40~60분 정도 이루어진다.

8. 노인미술치료 과정과 개입

1) 과정

미술치료 과정은 단기치료, 장기치료에 따라 다르게 적용된다. 그러나 미술치료는 단기든 장기든 환자의 심리적 · 정서적 · 신체적 문제나 장애를 회복하여 안정감과 자율성을 확장시키는 목적은 동일하다. 또한 노인의 질병 문제와 장애 발생에 따라 미술치료 목표를 재설정하는 과정이 지속적으로 일어나기 때문에 미술치료사는 이러한 점을 고려해야 한다.

노인미술치료 전 과정에서 고려해야 할 점은 환자의 병뿐만 아니라 한 개인의 삶에 대한 존중과 배려다. Schoeneberg(2002)는 노인미술치료 과정에서 이제까지는 의료적 진단이 주로 결정권을 가졌지만, 개인의 사회적 · 사회경제적 · 인본주의적 여지도 함께 고려되어야 한다는 것을 강조한다. 즉, 치료는 다차원적이어야 하며, 환자의 병뿐만 아니라 환자를 한 개인으로 존중해야 하고, 환자의 사회적 관계와 가능성에도 관여해야 한다는 입장이다.

각 회기는 대상과 병에 따라 다르게 진행될 수 있지만, 기본 과정은 미술치료사와 환자는 인사와 나눔, 주제 정하기 혹은 제시, 매체 소개, 미술활동, 작품 혹은 결과물 감상과 대화 나누기, 마무리 인사로 이루어진다.

미술치료 과정은 '시각적 방법과 언어적 방법'(Waller, 2002)으로 나눌 수 있다. 시각적 방법은 '시각적-적극적 활동과 시각적-수용적 활동'으로 나뉜다. 시각적-적극적 활동은 미술활동과 작품이 완성되는 과정이다. 시각적-수용적 활동은 작품감상 과정이다. 감상의 수용적 과정에 언어화와 의사소통 과정이 연결된다. 그러나 Waller는 효과적인 결과를 내기 위해 모든 시각적 의사소통이 반드시 언어로 해석되거나 변환될 필요는 없다는 점을 강조한다. 특히 언어 문제가 있는 치매 환자, 뇌졸중 환자, 말을 하지 않거나 말하기를 거부하는 환자들이 많기 때문에 미술치료사는 언어적 자극을 위한 노력은 하나, 환자에게 의사소통에 대한 압박감이나 부담을 주지 않도록 해야 한다. 퇴행성 노인환자 미술치료의 개입은 실제로 많은 어려움이 있기 때문에 의료팀, 간병인들의 도움이 항상 필요하다.

2) 개입

노인미술치료에 치료사의 개입은 전체 과정에 중요한 영향을 미친다. Schoeneberg(2002)는 노인 재활미술치료의 개입으로 환자중심, 환경중심, 재활과정 차원의 접근 방향을 제시하면서, 이는 상호 소통의 과정으로 연계되어야 한다고 강조한다.

환자중심 차원은 환자 개인과 개인에 연결된 가능성과 목표를 갖는다. 즉, 병원 및 시설의 개인 병력 정보인 의료-간호 영역, 가

족 정보와 미술과정과 작품을 통한 평가를 근거로 미술치료의 목
표와 기대효과를 설정한다.

환경중심 차원은 환자의 가족과 치료사 팀과 간호 팀의 영역으
로 개인과 주변 환경의 관계 구조, 관련 일들과 경제적 의존성을
고려하는 입장이다. 구체적으로 의존도, 가족 간의 연계, 간호와
거주 상황과 경제 상황에서 전이와 역전이 과정은 삶의 목표와 치
료동기에 중요한 방해요인이 될 수 있다는 관점이다. 치료사는 이
러한 문제들이 치료에 영향을 줄 수 있다는 것을 고려하여 환자 개
인만이 아니라, 주변 환경 요인들을 인식하고 개입해야 한다.

재활과정 차원은 환자에게 이루어지는 약물치료, 신체치료, 심
리치료, 간호에 대한 반응과 미술치료가 연계된다. 이는 재활미술
차원의 개입 방향이지만 노인미술치료 전체의 개입 차원에도 해당
된다.

노인미술치료에서 미술치료사의 개입은 환자의 병과 특성을 고
려하여 세심한 관찰을 통해 적절한 상황에 이루어져야 한다. 그러
나 노인미술치료에 과정보다 결과물을 더 중요시하는 사례를 빈번
하게 접하는데, 이로 인해 미술치료사들의 과도한 개입 위험성이
있다. 작품 위주의 개입과 의도는 노인미술치료 본래의 목적에서
멀어져 흥미 위주와 '마음에 드는' 작품 위주로 흐를 경향이 있으
며, 나아가 치료 목표와 평가를 소홀히 할 수 있다.

미술활동과 미술치료는 다른 관점이며, 미술치료에서 활동은
'훌륭한 작품'을 위한 연습이나 학습이 아닌, 치료 목적의 과정이며

이는 미술치료의 평가와 전문성에 연결되어야 한다. 또한 노인미술치료에 복지사나 간병인, 도우미, 가족들이 함께할 경우가 있는데, 이들의 과도한 개입도 때로는 문제가 된다. 미술치료사는 지원자 및 가족들에게 사전 오리엔테이션을 통해 도움과 과도한 개입의 차이를 충분히 알고 함께 할 수 있도록 안내해야 한다.

9. 노인미술치료사의 역할

1) 신뢰관계 형성

노인미술치료사에게 가장 우선적으로 요구되는 것은 노인과 신뢰관계를 형성하는 것이다. Wenge(1993)는 노인미술치료의 핵심은 환자와 치료사, 집단에서 환자들 사이의 관계를 구축하는 것으로, 치료사는 치유과정을 위한 조건을 마련해야 한다고 강조한다. 신뢰관계는 치료과정을 통하여 점차적으로 이루어지기 때문에, 미술치료사는 이러한 점을 고려하여 무엇보다 초기에 나타나는 노인의 저항, 거부감이나 양가감정에 공감하며, 그런 감정을 조심스럽고 자연스럽게 다루어 신뢰관계를 잘 구축해야 한다. 이는 Mann 등(1995)이 미술치료는 '관계의 예술'이라고 한 점과 비슷한 의미를 지닌다. 그들에 의하면 우선 환자와 치료사, 환자와 환자의 관계가 잘 이루어지면, '공적' 활동이 진전될 수 있으며, 이러한 관계의 성

립은 몇 주일에서 몇 달이 걸릴 수 있다고 본다. 대부분 환자 중심
으로 이루어지는 노인미술치료에서 미술치료사는 '환자가 지니고
있는 창의성의 긍정적 특성'(Waller, 2002)에 대한 신뢰를 형성하기
위한 노력을 해야 한다.

　일반적으로 노인들은 치료사보다 연령이 높다. 특히, 우리나라
의 미술치료사들은 치료 상황에서 노인의 이름을 부르기보다 '어
르신'이라 부르며 공경의 태도를 보이고, 노인환자나 내담자들도
치료사를 자신의 자녀나 손자녀처럼 대하는 경우가 많다. 이러한
분위기로 인하여 한편으로는 치료사와 노인들의 신뢰관계가 빠
른 시간 안에 형성될 수 있다. 그러나 다른 한편으로 노인이 자신
의 문제점을 자녀나 손자녀에게 잘 말하지 않듯이, 개인적 감정이
나 불편사항을 쉽게 표현하지 못하는 경우도 있고, 오히려 권위적
이고 지시적 태도를 보이는 경우도 있다. 여기에서 미술치료사는
'지지해 주고 잘 관찰하고 인정해 주는 좋은 어머니 역할'(Cossio,
2002)을 견지해야 한다.

　미술치료사는 치료 상황에서 일어나는 전이 및 역전이 현상을
신뢰관계로 발전시킬 수 있는 인식과 태도가 필요하다. 집단인 경
우, 치료사는 노인환자와 미술치료사뿐만 아니라 환자들 간의 신
뢰관계를 형성하기 위해 공동체 의식을 발전시킬 방안을 고려한
다. 여기에서 치료사의 적절한 개입과 정서적 교류능력, 안정감,
편안함을 주는 인성이 중요한 역할을 한다.

2) 격려와 자극

미술치료사는 노인환자들에게 건강하고 창의적인 삶을 위한 자극을 줄 수 있어야 한다. 미술치료의 주제, 기법, 재료, 활동은 환자 및 내담자에게 무언의 자극과 격려를 주는 특성을 지닌다. 이를 기반으로 미술치료사는 '환자의 능력을 촉진시켜 주고 사소한 것에도 용기와 지지를 해 줄 수 있는 융통성'(Waller, 2002)과 순발력을 발휘한다.

또한 미술활동을 마친 후의 피드백을 통한 대화가 노인환자에게 자신을 개방하고 표출할 기회를 제공하여 이들이 격려와 지지를 받는다는 것을 느낄 수 있도록 한다. 이를 위해서 미술치료사는 미술치료 준비에 매체와 환자의 태도, 건강 상태 등에 민감성과 주의력과 수용력을 갖추어야 한다.

3) 노인병과 장애에 대한 전문지식

미술치료사는 노인의 병이나 장애에 대한 전문지식을 습득해야 한다. 의료지식뿐만 아니라 심리적 · 심리사회적 이론 등도 이에 해당된다. 이를 기반으로 미술치료 계획에 노인병이나 장애 및 심리적 특성을 고려한 목표를 분명하게 세울 수 있으며, 그에 따른 주제와 재료와 기법을 효율적으로 준비할 수 있다. 또한 이러한 전문성은 노인병원 및 노인요양원 등의 의료진과 가족과 협력적이고 통합적인 치료과정을 수행할 수 있는 바탕이 된다. 나아가 미술치료사들과 노인미술치료 사례를 공유하고 토론할 수 있는 장과 노인 및 노인미술치료 주제 학술대회, 사례발표 참가 등도 필요하다.

4) 정서적 환경 제공

미술치료사는 환자 및 내담자가 미적 활동을 통해 즐거운 마음과 생기와 활력을 얻고, 다양한 감정을 표출하며 그에 대해 지지를 받을 수 있는 정서적 기회를 제공하여야 한다. 또한 이들이 배우자, 친구, 친지들의 죽음으로 인한 상실감, 자신의 죽음과 그에 대한 불안 등을 자연스럽게 표현할 수 있도록 도와야 한다. 이와 관련하여 미술치료사는 삶과 죽음, 상실과 애도에 관련한 개인적 고찰 및 지식을 갖춘다. Waller(2002)는 노인환자가 강한 수치심과 지속적인 불안, 우울, 외로움, '버림받은 감정'과 같은 두려움 등의 정신적 고통을 예술을 통해 표현할 수 있고 인정받을 수 있는 방법을 찾을 수 있는 것이 치료의 본질이라고 한다.

Cossio(2002)는 미술치료사는 노인환자의 모든 작업이 개인의 가장 비밀스러운 욕구와 가장 중요한 요구를 표현하고 있다는 것을 알아야 한다고 강조한다. 이러한 인식과 정서적 환경을 제공하기 위하여 미술치료사는 환자의 심리적 상황을 수용하고 편안한 상태를 유지하며 창의적 활동을 만날 수 있게 한다. 또한 Cossio는 미술치료사 자신이 인생에 대한 낙관적이고 통합적인 태도를 가질 것을 제안한다.

5) 미술활동 준비성

미술치료사는 노인의 삶과 관련된 적절한 주제를 선택할 수 있도록 고려해야 한다. 일반적인 주제는 앞에서 언급하였으나, 노인의 상황과 욕구에 따라 미술치료 회기에서 다양하게 변형하여 적용할 수 있다. 노인의 병과 장애를 예방하거나 감소시킬 수 있는 기법들을 선택하고, 재료와 매체 선택에서도 노인의 신체적 · 환경적 상태를 고려한다. 특히 방문미술치료 시 개인의 공간, 병 등에 따른 개별적 준비사항을 점검하는 것도 필요하다. 노인환자들이 활동을 쉬거나 이야기할 수 있는 자리도 준비하여 환자들의 움직임이나 이동의 자율성도 고려한다.

6) 동반자의 역할

미술치료사는 노인들의 후기 삶에 '동반자 입장'(Petzold, 1985; Wenge, 1993)이 되는 역할의식을 가져야 한다. 노인들이 소외감, 상실감, 불안, 후회 등의 감정을 표현하고 또한 자신의 삶을 회고하며 수용하며, 나아가 창의적 미술활동 과정을 통하여 자신의 삶이 의미 있다는 것을 느낄 수 있도록 미술치료사는 노인의 동반자 역할을 해야 한다. 여기에 미술치료사는 환자의 활동을 지켜보며 편안하고 동기유발이 되는 환경을 조성해 주고 관계가 발전하도록 수용하고 용기를 북돋워 준다(Cossio, 2002). 따라서 미술치료사는 '자신의 가치관을 초월하여 타인의 생각과 행동을 수용'(정여주, 2003)하는 자세를 가져야 한다. 미술치료사는 환자들에게 자신의 종교관을 내세우지 않으며 환자들의 종교와 신앙을 존중하고 수용해야 한다. 여기에서 주도적이지 않으면서도 적절한 개입을 할 수 있는 치료사의 태도가 중요하다. 또한 환자뿐만 아니라 의료진, 환자 가족, 간병인, 사회복지사도 중요한 동반자로서 그들과 정보를 공유할 수 있는 친밀감과 상호 신뢰를 가져야 한다.

7) 미술치료 진단과 평가 및 슈퍼비전

노인미술치료에 대한 진단과 평가는 치료의 목적에 도달하는 과정과 도달점의 효과를 점검하는 것이다. 노인미술치료 대상은 의학적 진단을 받은 경우가 대부분이다. 미술치료사는 미술치료 시작 시점에 의학적 진단을 통한 환자의 병명과 정도를 파악하고, 환자의 심리적 · 정서적 · 기능적 상태도 진단해야 한다. 또한 미술치료 과정을 평가할 수 있는 평가도구 및 방안을 준비하여 적용할 수 있어야 한다. 여기에서 미술치료사는 양적 평가와 질적 평가에 대한 접근방법과 특성을 숙지한다. 미술치료 평가는 회기별, 단계별로 기록하여 점검함으로써 목표나 활동내용 등을 변경하거나 수정 및 보완할 수 있다. 미술치료 평가의 신뢰성을 위해서 평가 기록과

정기적인 슈퍼비전과 의료팀과의 환자에 대한 보고 및 미팅을 통해 환자의 미술치료에 대한 정보를 교환하는 것이 필요하다.

노인미술치료사는 임상 사례의 슈퍼비전을 통해 환자를 객관적으로 재조명하여 인식하고 미술치료 과정을 재평가할 수 있으며, 다음 과정을 진행하는 데 필요한 사항들을 준비하고 효과적인 결과를 얻을 수 있다. 또한 이런 과정을 통해 치료사는 미술치료에서 겪을 수 있는 심리적 소진을 방지할 수 있다.

8) 미술치료사의 미술활동

미술치료사도 자기만의 미술활동을 해야 한다. 이러한 활동을 통해 미술치료사는 자기표현의 기회와 치료사의 직무 소진, 역전이 등을 의식하거나 통찰력을 얻는 자기 수련의 경험을 갖게 된다. 뿐만 아니라 미술치료사는 미술활동을 통해 직무 스트레스로 인한 심리적 소진을 인식하고 이에 대한 스트레스 표출과 해소를 통해 재충전과 새로운 에너지를 찾을 수 있다. 나아가 노인환자의 미술활동에 대한 관찰력, 민감성이 강화되고 자신도 모르게 틀에 박힌 행동 패턴이나 치료방식 등의 타성에 젖지 않게 된다. 또한 미술치료사는 노인미술치료 프로그램을 실시하기 전에 주제를 스스로 연습해 보고 같은 주제를 아동이나 성인, 장애아동과 청소년에게도 실시해 봄으로써 적용 가능성과 한계를 고려하는 것이 필요하다.

제5장
노인미술치료의 진단과 평가

살면서 현재 자신의 인생에서 무엇이 좋고 진실하며 아름다운지 발견해야 하네.
… 내 안에는 모든 나이가 다 있네.
– Mitch Albom, 〈모리와 함께 한 화요일〉 중에서

최근 노인미술치료 연구가 증가하면서 그에 대한 치료 효과도 긍정적 평가를 받고 있다. 노인병원, 치매병원, 정신과 병원에 입원하거나 노인요양원 거주 노인의 다양한 병과 증세로 노인미술치료의 접근과 치료 목적의 범위도 확장되었다. 그에 따라 미술치료 과정에 대한 접근과 평가도 다각적이다.

일반적으로 노인의 병, 증상과 정도에 따라서 개인미술치료 또는 집단미술치료가 이루어지며, 그에 따른 개별적 평가가 이루어진다. 이와 관련하여 미술치료의 과학적 평가를 위한 다양한 시도가 양적 연구와 질적 연구를 통하여 소개된다.

노인미술치료에는 치료 대상에 대한 다각적 진단이 먼저 이

루어진다. 여기에 의학적 진단뿐 아니라, 심리적, 사회적, 심리사회적 상황의 정보에 근거한 진단과 통합적 평가까지 포함된다(Chatterjee, Chancellor, & Duncan, 2014; Schoeneberg, 2002; Stephenson, 2013).

Zweig(1994)는 노인심리치료의 노인 내담자를 세 유형으로 제시한다(Wald, 2003 재인용). 첫째 집단은 배우자와 자녀들의 발달, 은퇴, 재조정과 상실의 이슈를 다루는데, 이 집단은 심리적 통찰력이 높아 자존감과 사회적 기능이 향상되었다. 둘째 집단은 배우자의 죽음과 같은 외적 상실에 적응할 필요가 있는 위기집단으로 지지치료를 통해 효과를 얻었다. 셋째 집단은 장기 입원환자나 만성질병 환자로 낮병동 프로그램에서 작은 환경적 변화로 제한적 지지치료를 통해 도움을 받았다.

Weiss(1984)는 노인과 장애인을 위한 미술치료에 환자의 변화과정을 두 종류의 기록지로 만들어 적용한다. Wald(1999)는 노인 뇌졸중 환자 미술치료에서 그림검사들을 소개하고, Mohaupt-Luksch(2004)는 우울증 및 치매 환자 노인미술치료 평가방법을 개발하였다. Menzen(2001)은 뇌졸중, 알츠하이머, 뇌 손상 노인을 위한 재활 차원의 미술치료에서 환자들의 형태 인지와 형상화 과정을 아동화 발달단계와 비교하여 평가하였다. 다음에서 노인미술치료에서 이루어지는 진단과 평가방법들을 소개하고자 한다.

1. 그림검사 진단

Wald(1999)가 제시한 뇌졸중 환자 미술치료 그림검사 진단의 종류와 목표 및 진단방법은 다음과 같다.

- 기하 형태 따라 그리기: 우뇌 손상, 공간 개념, 집중력 진단검사, 제시 형태 따라 그리기
- 시계 그리기: 개념 유지, 실행 및 무시 여부 검사
  시계 안에 숫자가 없으면 일반적으로 뇌 손상으로 평가함. 숫자가 역순서로 제시될 수 있음. 시각 실인증은 숫자 대신 점, 거꾸로 쓴 숫자, 시계라고 알기 어려운 그림으로 표시될 수 있음
- 자화상: 신체 이미지, 정동, 심리 상태 개념화와 실행 진단 검사
- 실버 자극 카드: 인지, 감각-지각, 조작기술과 정서 관점 진단 검사
- 색을 통한 감정 표현을 제시하고 정서와 기분 평가하기
- 추상화, 개념화, 상상화, 표현 능력과 아이디어와 감정 표현 능력을 평가하기 위한 자유 선택 그림 그리기

2. 그림 모사능력과 미술활동의 상관관계

Müller-Thomsen(2004)은 치매 환자를 대상으로 시각기억을 위한 그림 그리기 검사와 미술치료에서 그린 그림에 대한 비교연구를 하였다. 치매검사의 시각기억검사 중에 2개의 오각형이 겹쳐진 부분에 사각형이 나타나도록 그려진 형태를 따라 그리는 검사와 시계 그리기 검사가 있다. 그는 치매 환자 대상 외래 집단미술치료 프로그램과 기억력 훈련 프로그램을 통해 환자가 시각기억검사의 모사능력에 문제, 즉 '시각구성 실행증(失行症)'이 있다고 하여 미술활동에 문제가 있는 것은 아니라는 결론을 내린다. 이에 대한 근거로 Müller-Thomsen은 남성 치매 환자가 2개의 겹쳐진 오각형을 따라 그리는 능력과 주제가 있는 그림 그리기에서 보여 준 차이점을 제시한다([그림 5-1]과 [그림 5-2]).

Müller-Thomsen은 치매 증상 악화로 전혀 말을 하지 않던 남성

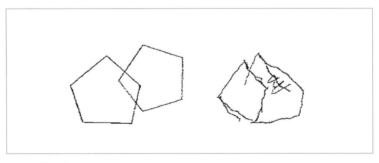

그림 5-1 겹쳐진 오각형 따라 그리기(Müller-Thomsen, 2004: 116)

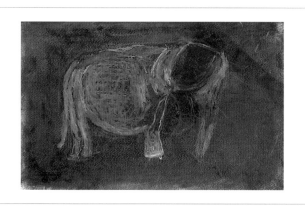

그림 5-2 주제가 있는 그림(Müller-Thomsen, 2004: 117)

환자가 미술활동을 즐기며 다양한 원을 그리게 되면서, 자신의 과거 이야기를 시작하게 되었다는 사례를 덧붙여 설명한다. 그는 집단미술치료 프로그램 진행을 통하여 이와 같이 그림을 그리는 즐거움이 치매 환자의 기억과 언어기능을 맡고 있는 신경세포를 활성화한다고 강조한다.

Müller-Thomsen은 임상에 근거하여 미술치료는 치매 환자들의 인지적 증상과 비인지적 증상도 명백히 호전시키며, 생활의 즐거움도 향상된다는 것을 증명한다. 따라서 그는 치매 환자 치료에 미술치료가 이제까지 다루었던 것보다 훨씬 더 강도 있게 적용되어야 한다고 주장한다.

61세의 치매를 겪는 여성 내담자는 미술치료 초기에 그린 만다라에서 '왼쪽을 그리지 않은 우뇌 손상환자'의 특성을 보였다([그림 5-3]). 그러나 내담자는 개인미술치료를 받으면서 다른 미술활동

과 더불어 매일 만다라를 그림으로써 3주쯤 지나 왼쪽 부분을 그
리는 변화를 보였다([그림 5-4]). 내담자는 [그림 5-3] 만다라를 그
린 후 그림에 대한 아무런 말을 하지 않았지만, [그림 5-4] 만다라
를 그린 후 "시원하고 싱싱하네."라고 자신의 생각을 말했다. 내담
자는 5개월 후에 왼쪽에도 그리긴 하지만 오른쪽 쏠림이 완전히
없어지지는 않았으나 첫 주에 그린 만다라와는 차이를 보였다([그
림 5-5]). 7개월이 지난 후 내담자가 그린 만다라([그림 5-6])에서 그
림의 좌우가 균형을 이룬 것을 볼 수 있다. 이를 통해 내담자의 그
림 변화는 우뇌 손상 예술가들이 뇌졸중 발병 후 첫 몇 주는 화지
의 왼편을 무시했지만, 몇 달 후에는 그러한 현상이 사라진다는
Gardner(1976)의 연구와 같은 진단적 평가를 할 수 있다.

그림 5-3 여성 치매 환자 만다라(첫 주 그림)

그림 5-4 여성 치매 환자 만다라(3주 후 그림)

그림 5-5 여성 치매 환자 만다라(5개월 후 그림)

그림 5-6 **여성 치매 환자 만다라(7개월 후 그림)**

또한 2004년 73세에 알츠하이머 진단을 받은 여성이 병의 초기부터 10년 넘게 집에서 매일 만다라를 그리며 치매 증상에 큰 변화가 없는 것을 관찰할 수 있었다. 이처럼 그림을 그리는 것이 뇌 활동 및 정서활동에 영향을 미치며 장기적인 치료 효과와 연계된다는 것을 볼 수 있다. 이는 이 여성 노인의 초기 만다라와 시간적 변화에 따른 변화를 비교해 보면 알 수 있다.

다음 [그림 5-7]과 [그림 5-8]은 이 여성 노인이 2006년과 2009년에 그린 만다라다. 이 여성은 자신이 좋아하는 색을 선택하여 문양의 윤곽선 안에 매우 집중적으로 완성도 높은 만다라를 그렸다. 이 여성 노인은 그림을 그린 후에 남편의 제안에 따라 아래에 연도, 날짜와 자신의 호를 항상 적었다. 이 여성 노인이 2010년 8월([그림 5-9])과 2013년 12월([그림 5-10])에 그린 같은 문양의 만다라, 2011년 6월([그림 5-11])과 2016년 6월([그림 5-12])의 만다라다. 그러나 2010년부터 2017년의 꽃 주제 만다라 그림에는 변화를 보인다. [그림 5-13]은 2010년 12월, [그림 5-14]는 2017년 2월에 그린 만다라다.

여기에서 2017년에는 꽃과 잎의 구별색의 혼용과 검은색 원 테두리 선을 잎의 윤곽선 위에 덧그리는 현상이 나타나고, 파란색이 맥락 없이 그려진 흔적이 보인다. 또한 [그림 5-13]의 만다라는 바탕색을 꼼꼼하게 칠한 반면, 마지막 2017년 [그림 5-14]는 바탕색을 칠하지 않았다. 이 시기에 여성 노인은 배변을 자율적으로 하기

그림 5-7 | 알츠하이머병 여성 만다라 1(75세, 2006년 10월)

그림 5-8 알츠하이머병 여성 만다라 2(78세, 2009년 10월)

그림 5-9 알츠하이머병 여성 만다라 3(79세, 2010년 8월)

그림 5-10 알츠하이머병 여성 만다라 4(82세, 2013년 12월)

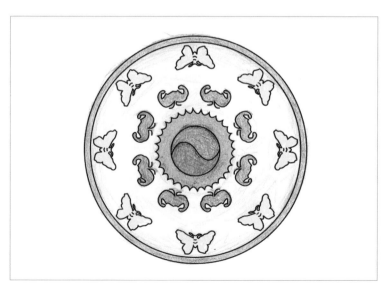

그림 5-11 알츠하이머병 여성 만다라 5(80세, 2011년 6월)

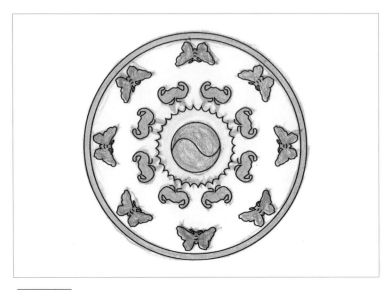

그림 5-12 알츠하이머병 여성 만다라 6(85세, 2016년 6월)

그림 5-13 알츠하이머병 여성 만다라 7(79세, 2010년 12월)

그림 5-14 알츠하이머병 여성 만다라 8(86세, 2017년 2월)

가 어려워졌고, 간병인이 집 방문을 시작한 시점이다. 이는 치매의 진행이 그림의 변화로 나타난 것을 알 수 있다. 2017년에도 이 노인은 매일 만다라 그리기를 계속했는데, 2018년 고관절 수술로 병원에 입원하면서 만다라 그리기가 중단되었다. 10여 년 동안 매일 만다라 그리기를 계속해 온 이 여성 노인에게 만다라 그리기에 대한 소감을 묻자 "그림을 그리면 마음이 편안하고 좋아하는 색을 칠할 수 있어 좋아."라고 대답했다.

이는 치매가 퇴행성이라고 하지만, 치매 환자도 그림을 그림으로써 색과 형태와 윤곽, 계절, 동물, 식물 등 외부세계의 대상물을 만나며 활동을 지속할 수 있다는 것을 보여 주는 사례다. 여기에 가족들의 도움과 지지가 큰 역할을 하며, 규칙적이고 반복적으로 그림을 그리는 시도는 환자의 감각적, 인지적, 정서적, 심리사회적 치료를 자율적으로 이뤄 낼 수 있는 가능성을 보여 준다. 또한 만다라 그리기를 통한 진단과 평가 개발도 필요하다는 것을 알 수 있다. 이는 Wald(2003)도 강조하듯이, 그림을 통한 뇌 손상 환자의 진단만이 아니라 미술치료를 통한 치료 효과도 제시할 수 있다는 것과 같은 맥락이다.

3. 인생회고와 미술치료의 관계

Ravid-Horesh(2004)는 '미술치료가 노인의 삶에서 자기수용과 자아통합의 긍정적 결과를 끌어 내는가?'라는 질문을 제기하면서 개인 사례를 통하여 답을 찾는 시도를 한다. Ravid-Horesh는 Stallman의 노인대상 인생회고(Life Review) 미술 프로그램 모델을 적용하여, 사회적 관심을 받지 못하는 노인보호기관의 노인을 대상으로 일주일에 2회 45분씩, 8회기의 개인미술치료를 실시하였다.

사전검사로 두 가지 검사를 하였는데, 인생선을 그린 후에 중요한 일이 일어났던 곳에 표시를 하는 것과 자신의 삶에 대한 이미지를 그리는 것이다. 이러한 진단검사의 평가는 세 가지 요인을 관찰하는 질적 평가로 이루어진다. 세 가지 요인은 '내담자가 그린 시각적 이미지' '내담자의 행동'과 '언어적 설명'으로 매 회기마다 이것을 기록하여 평가근거로 사용한다. 미술치료 주제는 Erikson의 생애주기 이론을 참작하여 내담자는 회기마다 한 단계씩을 회고하여, 그 단계의 중요한 일을 그리는 것을 원칙으로 한다. Ravid-Horesh는 내담자의 행동과 미술 관점과 사전·사후 검사를 통한 미술치료 결과에서 이미지 요인이 전체적으로 긍정적 효과를 보였다고 제시한다.

4. 노인미술치료 회기 기록

Weiss(1984)는 노인과 장애인을 위한 창의적 미술치료 경험을 통해 내담자의 변화과정을 기록하는 두 가지 유형의 평가방법을 고안하였다. 하나는 내담자의 개인 및 집단 회기를 기록하는 것이고, 다른 하나는 창의적 예술치료 집단과정을 기록하는 것이다.

Weiss는 두 유형을 소개하기 전에 내담자의 기본 정보를 기록하는 형식을 제시한다. 내담자 개인 및 집단 회기 기록일지는 내담자가 회기 동안 보인 심리사회적 반응을 기록한다. 창의적 예술치료 집단과정 형태는 내담자들의 활동과 역동, 장래의 집단 계획이나 치료적 개입에 대한 윤곽을 기록하기 위하여 고안된 것이다.

이러한 기록을 통하여 미술치료사는 내담자의 발전 상태, 욕구와 성장 영역을 직접적이고 효과적으로 설명할 수 있고, 치료과정을 적절하게 변형할 수 있다. 또한 치료를 담당하는 팀은 개인과 집단의 역동에 대한 통찰을 용이하게 할 수 있는 자료를 얻게 된다. Weiss는 자신이 고안한 기록 형태는 개인의 창의적 활동을 모두 기록하기보다 회기 중에 일어나는 중요한 요소들을 기록하여 미술치료사와 치료 팀이 짧은 시간에 치료회기에 대한 분명하고도 상세한 정보를 얻어 치료과정에 대한 전체적 통찰을 얻는 데 도움을 준다고 한다.

Weiss가 제시한 내담자 기본 정보와 내담자 개인 및 집단 회기 기록 일지와 창의적 예술치료 집단과정 기록 일지를 요약하면 다음과 같다.

1) 내담자 기본 정보

내담자 기본 정보는 '이름, 날짜, 진단명, 연령/생년월일, 진단 정보/담당의사, 약 복용, 신체적 취약점, 과거 혹은 현재의 직업, 내담자의 관심사와 취미, 치료 목표, 인생 목표, 기타 정보'의 순으로 제시된다.

진단명은 의사나 미술치료사가 기록한 내담자의 의료적 혹은 심리적 진단이다. 진단 정보에는 내담자의 신체 건강, 건강과 관련 문제나 어려움과 담당의사의 이름이 기재된다. 직업 기재는 미술치료사가 내담자의 경력을 아는 데 도움이 된다. 또한 미술치료사가 내담자의 관심사와 취미를 알면, 내담자의 인성 성장을 위한 수단을 제공하는 넓은 견해를 가지게 된다. 치료 목표에는 내담자의 개인적 욕구와 소망이 기재된다. 인생목표에서 미술치료사는 내담자가 인생에서 가장 중요하게 추구하는 것을 알게 된다. 기타 정보

는 내담자를 더 잘 이해하기 위한 것으로 앞의 정보 사항에 기록하
지 못한 내담자의 욕구, 소망, 한계, 좌절, 능력, 사회경제적 영향,
종교적 배경 등의 사항이 기재된다.

표 5-1 내담자 기본 정보 기록지

내담자 기본 정보	
이름	날짜
진단명	연령 / 생년월일
진단 정보/담당의사	
약 복용	
신체적 취약점	
과거 혹은 현재의 직업	
관심사와 취미	
치료 목표	
인생 목표	
기타 정보	

2) 내담자 개인 및 집단 회기 기록

내담자 개인 및 집단 회기 기록의 목적은 내담자의 활동 참여를 개괄적으로 보기 위한 것이다. Weiss는 회기 기록지에 세 영역으로 기록할 수 있도록 항목을 분류하여 제시한다.

영역 I에는 내담자 활동, 활동과 대화에 소요되는 시간, 활동에 대한 내담자의 느낌과 기타 사항들이 기록된다. 내담자의 긍정적인 면과 갈등이나 문제점의 기록은 내담자와 관련된 것을 더 면밀하게 보려는 것이다. 향후 치료 개입에는 치료사와/혹은 내담자가 주제나 치료 개입에 대한 견해를 나눈 것이 기록된다.

영역 II에는 내담자의 회기 참여에 좀 더 구체적인 서술 항목이 제시된다. 참여수준(능동적/수동적)에는 개인 혹은 집단 참여의 양과 유형이 기록된다. 인지능력에는 활동에서 보이는 개인의 인지수준과 표현이 기재된다. 운동능력 항목에는 내담자의 신체(팔, 손, 손가락 등) 사용능력에 대한 평가 기록이다. 감각능력 항목에는 오감 사용능력이 기재된다. 정서적 표현의 범위와 정도에는 회기 동안 보인 내담자의 자기표현과 자기탐색의 정도와 관련된 것이 기록된다.

영역 III에는 예술활동과 기능을 다룬다. 매체는 회기 중에 사용되는 미술매체로, 그림활동이 이루어졌다면, 색, 선과 같은 미술표현이 기록된다. 주제는 미술표현의 중심 주제나 초점이 되는 것이 기재된다. 공간 구성 및 배열에는 그림 유형과 공간 사용 정도가 기록된다. 표현에 대한 내담자와 (혹은) 미술치료사의 해석에는 내담자의 감정, 생각, 행동과 관련하여 내담자나 미술치료사가 미술표현에 대해 말하는 것이 서술된다. Weiss는 이 항목과 관련하여 내담자가 회기 동안 카타르시스적 에너지 해소, 감정과 사고의 승화나 미술활동을 마친 후에 나타나는 정동과 언어적 표현 등에 대해 언급한다.

표 5-2 내담자 개인 및 집단 회기 기록지

내담자 개인/집단 회기
이름 _____ 날짜 _____
미술치료사/집단 지도자 _____
영역 I: 활동
_____
활동과 대화 소요시간 _____
활동에 대한 느낌(정동) _____
내담자의 긍정적인 면 _____
내담자의 갈등 혹은 문제점 _____
향후 치료 개입 _____

영역 II: 참여수준(능동적/수동적)

인지능력

운동능력

감각능력

정서적 표현의 범위와 정도

영역 III: 창의적 예술 표현/매체

주제

색

선

공간 구성/배열

표현에 대한 내담자와 (혹은) 치료사의 해석

3) 창의적 미술치료 집단과정 기록

미술치료 집단과정 기록은 회기의 활동과정에서 중요한 특징들을 요약하는 것으로, 주제/프로젝트, 날짜, 치료사/집단 지도자, 참가자, 참가자의 활동 항목이 있다. 다음 기재사항에는 향후 집단 프로젝트 혹은 치료 중재와 기타 정보란이 있다. 치료사는 회기를 관찰하여 차후 회기에 사용할 수 있는 계획, 중재나 적절한 정보를 이 영역에 서술한다.

표 5-3 창의적 미술치료 집단과정 기록지

창의적 미술치료 집단과정	
이름 _____	날짜 _____
미술치료사/집단 지도자 _____	
참가자	**활동**

상호활동

향후 집단 계획 혹은 치료 중재

기타 정보

5. 노인미술치료 평가도구

Mohaupt-Luksch(2004)는 노인병원에서 노인미술치료가 다른 분야와 팀워크로 이루어지는 프로젝트를 통하여 노인미술치료에 대한 평가기준을 정립하는 시도를 한다. Mohaupt-Luksch는 노인미술치료 효과를 측정하기 위하여 다양한 노인 관련 분야를 살펴본 결과, 모든 심리적 평가도구는 노인의 일상기능 회복이라는 관점에서 대부분 인지적 실행능력을 측정하거나 소수의 양적 척도결과에 근거한다는 것을 발견하였다. 기존의 검사도구는 정신과의 기본 검사에 해당하는 정신병리적 상태 검사(Erhebung des psychopathologischen Status)와 미국에서 양로원 거주자의 삶의 질을 확인하기 위해 사용하는 검사도구인 양로원 거주자 검사도구(Resident Assessment Instruments)였다.

한편, Mohaupt-Luksch는 미술치료가 결과에만 치중하지 않고 미술치료 과정의 경험을 중시하는 특성을 고려하여, 노인치매 환자와 노인우울증 환자를 위한 미술치료 평가도구를 개발한다. 이 평가도구는 2개의 검사도구와 환자들의 병에 대한 진단보다 그들의 특정 증세를 근거로 하여 만들어진 것이다. 환자의 증세는 세 가지 기준으로 나누어지는데 '의사소통 문제' '집중력 문제'와 (혹은) '내적 긴장상태 문제'다.

1) 프로젝트 구성

미술치료 평가를 위한 미술치료 프로젝트의 구성은 다음과 같다.

- 프로젝트명: '미술치료 처치의 효과'
- 프로젝트 실시기관: Otto-Wagner-Spital(오스트리아에서 가장 큰 규모의 정신병원)의 노인정신과 낮 병동
- 프로젝트 기간: 2000. 11.~2001. 10.
- 대상: 치매와 우울증 환자 40명 이상

2) 미술치료 구성

- 회기 시간: 60분
- 횟수: 주 1회(최소한 연속적으로 5회기 참여한 환자 기준)
- 치료 형태: 개인미술치료(점토활동에는 4~6명의 소집단 구성)
- 치료기법:
  ① 일차 단계(초기): 자유화 혹은 소묘 제시(환자 평가 목적)
  ② 이차 단계(증상별 제시)
    - 형태 그림: 집중력 문제 환자
    - 습식화: 긴장 상태 환자
    - 대화적 수채화: 불안 상태 환자

3) 평가기준

노인미술치료 평가기준은 환자 관점, 치료사 관점, 간호사 관점의 세 가지 관점으로 분류된다(〈표 5-4〉 참고).

- 관점: 환자 관점, 치료사 관점, 간호사 관점의 평가
- 확인방법: 관찰과 질문
- 20개 표준문항(5점 척도)
- 판단기준:
  ① 환자 관점: '회기 전, 회기과정과 회기 후 환자의 상태, 준비성, 출석, 환자에게 치료 전체에 대한 피드백 질문하기'(〈표 5-5〉)
  ② 간호사 관점: 간호사가 환자에게 질문하고 관찰하여 '환자의 준비성, 1회기와 3회기에 대한 피드백, 집단원들에 대한 피드백, 정서 변화' 기록(〈표 5-6〉)
  ③ 치료사 관점: 환자의 신체반응과 인지력, 정서, 의사소통으로 나눠지며, 치료사가 '환자의 자세, 호흡, 근육 떨림, 지남력, 이해력, 기억력, 집중력, 표정, 운동성, 행동, 말투, 눈 마주침, 대화 내용'을 관찰하여 기록(〈표 5-7〉)

표 5-4 노인미술치료 평가기준

관점	확인방법	판단기준
환자	질문	• 회기 전, 회기과정, 회기 후의 심리 상태 • 재참여 여부 • 전체 치료에 대한 피드백
치료사	관찰	• 자세　　• 기억력　　• 말투 • 호흡　　• 집중력　　• 눈 마주침 • 떨림　　• 표정　　• 대화 내용 • 지남력　　• 운동성 • 이해력　　• 행동
간호사	질문과 관찰	• 치료 준비 • 1회기와 3회기 피드백 • 집단원들에 대한 피드백 • 정서 변화

 표 5-5 환자 관점의 효과

피검자 관점의 효과					
회기 전 심리 상태	0 아주 나쁘다	1	2	3	4 아주 좋다
회기 과정 심리 상태	0 더 나쁘다	1	2	3	4 훨씬 좋아졌다
회기 후 심리 상태	0 전보다 더 나쁘다	1	2	3	4 전보다 훨씬 좋다
치료 피드백	0 전혀 마음에 안 든다	1	2	3	4 아주 마음에 든다
재참여 여부	0 더 이상 오고 싶지 않다	1	2	3	4 기꺼이 다시 오고 싶다

🌸 표 5-6 간호사 관점의 효과

간호사 관점의 효과				
참여 여부	0 심하게 거부	1	2	3 4 자발적 문의
1회기 피드백	0 아주 부정적	1	2	3 4 아주 긍정적
3회기 피드백	0 아주 부정적	1	2	3 4 아주 긍정적
집단원에 대한 피드백	0 아주 부정적	1	2	3 4 아주 긍정적
정서 변화	0 부정적 혹은 변화 없음	1	2	3 4 명백한 긍정적 변화

🌸 표 5-7 치료사 관점의 효과

치료과정 중의 신체 반응				
자세	0 경직되고 허리 굽은	1	2	3 4 이완되고 곧은
호흡	0 멈추고 불안정한	1	2	3 4 평온하고 고른
떨림	0 몸 전체	1	2	3 4 적당하거나 전혀 없음

인지					
지남력	0	1	2	3	4
	없는				모든 면에 충분한
이해력	0	1	2	3	4
	쉬운 과제 이해 못함				어려운 과제 바로 이해함
기억력	0	1	2	3	4
	치료사, 활동, 자기 작품 기억 못함				치료사, 활동, 자기 작품 기억

정서					
표정	0	1	2	3	4
	무표정, 저항적				적절한, 잘 웃는
운동성	0	1	2	3	4
	매우 초조하고 경직된				편안하고 조절하는
행동	0	1	2	3	4
	매우 불안정하거나 불안한				자신감이 있고 안정된

의사소통					
말투	0	1	2	3	4
	의기소침한, 우울한			호의적, 낙관적	
눈 마주침	0	1	2	3	4
	피하는			눈 마주침 시도 눈 마주침 유지	
대화 내용	0	1	2	3	4
	대화 기피			자신의 이야기와 힘든 경험도 언급	

4) 프로젝트 평가

(1) 환자 관점

- 심리 상태
  - 피검사자 88%: 회기 전보다 회기과정에 더 좋아졌다.
  - 피검사자 60%: 회기 후에 더 좋아졌다.
  - 피검사자 0%: 회기 전보다 더 나빠졌다.
  - 피검사자 100%: 1회기보다 3회기 후에 더 나아졌다.
- 치료에 대한 피드백
  - 전체: 1회기부터 긍정적으로 평가했다.
  - 피검사자 60%: 마음에 들었다.
  - 피검사자 40%: 아주 마음에 들었다.

(2) 간호사 관점

- 참여 여부
  - 환자들의 참여 횟수와 참여 인원이 지속적으로 증가하였다.
  - 피검사자 33%: 회기에 대해 자발적으로 문의하였다.
  - 피검사자 60%: 회기 참여 제안에 즉각적으로 참여하였다.
  - 1회기 후 피드백: 전체적으로 긍정적인 피드백을 하였다.
  - 3회기 후 피드백: 피검사자 80%가 간호요원과 집단원에 대해 아주 긍정적인 피드백을 주었다.
- 정서 변화
  - 피검사자 86%: 3회기 미술치료 이후에 긍정적인 정서 변화가 관찰되었다.

(3) 치료사 관점

- 신체 반응
  - 피검사자 전체: 1회기부터 이완, 곧은 자세, 규칙적 호흡, 떨림의 감소가 보였으며, 지속적인 회기 참여 횟수가 증가하였다.
- 인지적 실행능력
  - 치매 증상 환자 집단이 3회기부터 인지적 실행능력에 눈에 띄는 긍정적 변화를 보였다.
  - 장소 인식이 점차 향상되었으며, 회기 출석 증가에 따라 더 어려운 과제 제시에 대한 이해도가 향상되었다.

- 기억력이 나쁜 환자도 치료사, 활동, 자신의 작품을 비교적 초기부터 인식할 수 있었다.

• 정서 변화

- 지남력 문제를 지닌 치매 환자는 초기 2회기 이후부터 불안 감이 감소되었다.

- 우울증 환자는 늦어도 5회기 이후부터 예민성이 눈에 띄게 나아졌으며, 치료사와 부정적 감정과 관련한 내용에 대해서도 대화를 나누는 기회가 증가하였다.

- 회기 참여 횟수가 증가함에 따라 더 긍정적 정서 변화를 유지하였다.

• 의사소통 변화

- 치매 증상 노인환자와 우울증 증상 노인환자 전체는 의사소통 능력 및 의사소통을 위한 준비성과 관련한 전 항목에서 가장 이른 시기부터 강도 높은 긍정적 변화를 보였다.

- 피검사자 33%: 1회기 이후부터 의사소통에 긍정적 변화를 보였다.

- 피검사자 60%: 2회기 이후부터 의사소통에 긍정적 변화를 보였다.

전체 검사 결과를 통하여 재차 확인된 요인들은 다음과 같다.

• 치료사가 환자에게 더 밀도 있는 인터뷰를 할수록 치료 목표

를 위한 긍정적 변화가 더 빠르게 나타났다.

• 회기 참여 빈도가 높을수록 긍정적 반응이 더 빠르고 강하게 나타났으며, 더 오래 지속되었다.

• 미술치료 전체 계획에서 목표지향적인 치료를 더 많이 적용할수록 치료 목표에 더 빠르게 도달하고 더 지속적인 효과를 유지할 수 있었다.

제**6**장
노인미술치료 사례:
닫힌 문, 그림으로 열다[1]

1. 소록도 노인미술치료 개요

1) 들어가며

얼마 전만 해도 소록도는 '나병환자들의 수용소' '나병환자들의 섬'으로 알려졌다. 이곳은 가족들과 사회와 격리되어 사회적 관심이 없거나 심지어는 문둥병에 걸린 무서운 환자들이 살고 있는 곳으로만 여겨졌다. 일제강점기부터 전국의 나병환자들은 자신의 의

---

1) 사례의 그림들은 참가자들과 병원의 동의를 받았다.

지와 상관없이 강제로 소록도에 갇혀 사회와 단절되어 노역을 하면서 희망 없는 유배생활을 하였다. 이들은 가족과도 생이별을 하였으며, 심지어는 가족이 나병환자 형제자매를 호적에서 파 버리기도 했다. 나병환자가 나타나면 아이를 잡아먹는다는 소문이 있어 동네에서 놀던 아이들이 순식간에 집으로 도망치던 시절도 있었다. 시대가 바뀌어 나병환자들이 사회에 나가 생활할 수 있지만 여전히 과거의 낙인이 쉽게 풀리지 않은 채 멸시와 천대를 받으면서 삶을 마감하거나 노인이 되었다.

한센병으로 가족과 사회와 격리되어 살면서 노인이 된 분들의 삶은 어땠을까? 이 질문은 필자가 노인미술치료를 하면서 떠올렸던 물음이었다. 국립소록도병원에서 근무했던 공중 보건의 남편을 따라 그곳에 살며 한센병 노인들의 삶을 전해 준 미술치료 전공 석사생의 도움으로 필자는 그동안 마음에 담아 둔 질문을 실천에 옮기기로 했다.

제6장에서 소개하는 사례는 한센병으로 인해 본인의 의지와는 달리 젊었을 때부터 평생을 소록도에 살면서 노인이 되고, 시대가 바뀌어 외부와의 교류가 자유로워진 상황에도 소록도에서 생활하는 한센병력 노인미술치료에 대한 기록이다. 미술치료 봉사는 서울여자대학교 미술치료 석사과정 재학생 및 졸업생들과 필자, 대학생 봉사자, 후원해 준 한화석유화학 직원봉사자들로 구성되었다. 기간은 2006년(2차), 2008년, 2009년으로 4차의 집중 미술치료 워크숍으로 매회 3~5일간 이루어졌다. 소록도병원에서는 미술치

료 봉사를 처음으로 받아들였으며, 이 봉사를 일반봉사가 아닌 의
료봉사로 구분하였다.

모든 봉사 때마다 미술치료 봉사자들과 필자는 한 달 전부터 소
록도 역사와 한센병 강의 듣기, 미술치료 목표 및 프로그램 개발과
재료와 도구를 준비하였다. 미술치료 봉사자 중에는 4차에 걸쳐
참여한 대학원생도 있지만 대부분 해마다 다른 대학원생들로 구성
되었다.

2) 한센병

한센병(leprosy)[2]은 나균에 의해 감염되는 만성 전염성 질환으
로, 나균이 피부, 말초신경계, 상기도 점막을 침범하여 조직을 변
형시키는 면역학적 질환이다. '한센병'이라는 명칭은 1873년 노르
웨이 의사 한센에 의해 나환자의 결절에서 나균이 처음 발견된 것
에서 유래한다. 이 병은 과거에는 문둥병 또는 천형병으로 불렀
다. 이 질환은 학술 분야에서는 나병으로 명명되며, 사회적으로는
한센병으로 불린다. 한센병이 통용되는 이유는 '나병'이라는 말이
편견과 차별을 두는 의미를 내포하고 있기 때문이다. 우리나라도
2000년 무렵부터 환자의 인권 문제를 다루면서 한센병이라는 용
어를 사용하기 시작했다.

---

2) 국립소록도병원 한센병 교육과정 리플릿 및 네이버지식백과(http://terms.
naver.com)에서 발췌하였다.

한센병의 전염경로는 명확하지 않지만 일반적으로 호흡기로 감염되는 것으로 알려진다. 한센균의 잠복기는 수년에서 수십 년 정도가 걸리며 환자의 면역 상태에 따라 다양한 증상이 나타난다. 현재는 세계 24개국을 제외하고 나머지 지역에서 연간 1만 명당 1명 미만으로 발생하는 드문 질환이기 때문에 일반인은 한센병 환자와 접촉하는 것을 두려워할 필요가 전혀 없다.

한센병은 한센병 환자와 한센병력자로 나뉜다. 한센병 환자는 피부도말검사에서 세균지수가 양성으로 나타나거나 활동성 임상증후군을 나타낸다. 한센병력자는 활동성 임상증후군이 없어지고 증상의 진행이 정지된 상태다.

한센병의 증상은 다양하지만 3대 증후로 피부병변, 말초신경(비후 및 통증), 한센균의 존재가 관찰된다. 따라서 감각의 저하, 피부반점, 구진, 결절, 신경 손상, 눈썹 소실, 손발의 감각 소실, 토안, 실명 등 여러 증상이 나타나며 치료하지 않을 경우에는 다양한 장애가 발생할 수 있다.

한센병은 천형의 병이 아니라 약물로 치료가 되는 전염병이다. 병에 걸렸어도 2주에서 2개월 정도 약을 복용하면 병을 옮기지 않는다. 이 병은 5년에서 20년 정도 약을 지속적으로 복용하면 완치된다. 한센병은 유전병이 아니다.

한센병 치료는 한센병 자체와 한센병에 의한 후유증 치료로 나뉜다. 소록도 입원자들과 주민들 대부분은 한센병의 후유증에 대한 재활치료를 받고 있다. 한센병은 환자에게 육체적 상처뿐 아니라, 정신적, 사회적 문제를 남기고 있는 것이 다른 질병과 큰 차이점이다.

3) 국립소록도병원[3]

소록도는 전라남도 고흥, 녹동에서 500m 떨어져 있는 면적 4.42㎢ 정도의 섬으로, 어린 사슴 모양을 닮았다 하여 붙어진 명칭이다. 이곳에는 한센병력의 노인 530여 명과 170여 명의 의료진이 거주하며, 평균 연령은 75세로 이곳도 고령화 상황이다. 소록도에는 의료시설과 복지시설, 7개의 자활마을, 순천교도소 소록지소(1998년 폐쇄), 우체국, 예금 취급소, 파출소, 읍사무소, 3개의 종교단체, 초등학교 분교, 박물관, 공원 등이 있다.

국립소록도병원의 역사는 1916년 조선총독부가 나병환자들을 국가 위상의 장애로 여겨, 이들을 격리 수용할 방침으로 소록도를 선정하여 '소록도자혜의원'으로 개원하면서 시작되었다. 그 이후로 전국의 나병환자들이 강제 입소되었으며, 일제의 수탈로 인한 원생들의 노동과 수난의 역사가 알려져 있다. 그러나 해방 이후에도 병원 운영권 분쟁으로 원생 간부들의 참사 및 사건들이 있었다. 1960년대까지 직원지대와 병사지대(病舍地帶)를 약 2km 정도의 철조망으로 분리하였는데, 원생들의 자녀가 태어날 경우 전염을 우

---

3) 국립소록도병원 정보(2006년)와 홈페이지(http://www.sorokdo.go.kr/sorokdo/board/)를 참조하였다.

려하여 자녀들을 직원지대에 있는 '미감아보육소'에 격리시켜 키웠다. 부모와 자녀는 직원의 통제에 따라 경계선 도로 양편에 서서 한 달에 한 번만 면회를 할 수 있었지만, 일정 거리를 두고 보기만 하여 서로를 만지거나 안아 볼 수 없었다. 이를 수탄장의 월례정기 면회라고 했다.

세월이 지나 나병환자들을 수용 위주에서 치료 위주로 관리하는 정책으로 바뀌면서 이곳도 '중앙나요양소' '소록도갱생원' '국립나병원' 등으로 명칭이 변경되다가, 1982년에 현재의 '국립소록도병원'으로 변경되었다.

한센병 환자 및 병력자들은 자유롭게 외부로 출입하였지만, 사람들의 편견으로 소외되고 불평등한 대우를 받았으며 최근까지도 이러한 흔적이 남아 있다. 이곳 노인들은 근처 마을의 상점, 음식점, 이발소 등에서 자기들을 들어오지 못하게 한 사례들을 들려주었다.

현재 소록도병원은 재활과 자립생활을 하는 노인들이 사는 병사지대와 병원 직원들이 사는 관사지대로 나눠졌지만 서로 왕래가 자유롭다. 2009년 3월 육지와 연결하는 소록대교가 개통되었고, 2016년은 개원 100주년, 한센병 박물관 개관 등의 행사가 이루어졌다.

4) 노인미술치료 계획 및 실시

- **대상 및 인원**: 소록도 거주 노인 한센병력자 및 입원 노인환자 (30~70여 명), 소록도 병원 직원 및 직원 가족(30여 명)
- **기간**: 2006~2009년, 미술치료 총 24회
  - 1차(2006년 2월 6~8일): 소록도 노인을 위한 미술치료 워크숍
  - 2차(2006년 8월 14~16일): 소록도 노인을 위한 미술치료 워크숍
  - 3차(2008년 8월 5~8일): 소록도 노인들과 직원 및 직원가족과 함께하는 미술치료 워크숍
  - 4차(2009년 8월 3~7일): 소록도 미술치료와 사랑의 집 수리
  - 미술치료 소록도 전시회(1~4차 마지막 날: 마을회관, 소록도 병원)
  - 미술치료 서울 전시회(2006년 11월 22~28일)
- **시간**: 오전 10시~11시 20분, 오후 3시~4시 20분, 매회 80분
- **장소**: 국립소록도병원 회의실, 마을 회관, 병실, 개인 집, 개인 방
- **형태**: 집단미술치료, 개인미술치료
- **미술치료 봉사자**: 10~20명, 일반 봉사자: 한화석유화학 직원 (2~4차) 20명, 대학생(4차) 6명
- **치료목표**
  - 갈등, 욕구, 소망 등을 표현하며 정서적 정화와 내적 활력 경험

- 창의력 고취, 성취감 경험과 자존감 향상
- 전체 삶을 회상하며 정리함으로써 노년기를 수용하고 통합
- 미술작품 활동을 통한 대, 소근육 운동 및 감각기능 활성화
- 집단활동을 통한 공동체 의식 공유
- 봉사자와 병원 직원 및 직원 가족과 공동 활동을 통한 자기 개방과 사회적 소통 기회 경험

• 미술치료 프로그램: 미술치료 프로그램은 초기에는 단순한 주제, 기법, 재료로 시작하여 개인의 활동과 능력에 맞추어 점차 프로그램을 확대했다. 그 내용은 다음과 같다.

 - 1차: 자유화, 자유작업, 습식 수채화, 만다라 문양 그리기, 데칼코마니, 민화 본 색칠하기, 문패 그리기, 입체 만다라, 색 스펀지 찍기, 전시장 꾸미기와 전시회

 - 2차: 자유화, 자유작업, 습식 수채화, 기억나는 장소, 데칼코마니, 만다라 문양 그리기, 민화 본 색칠하기, 색 스펀지 찍기, 점토활동, 나무 문패 만들기, 전시장 꾸미기와 전시회

 - 3차: 자유화, 자우작업, 습식 수채화, 입체 만다라, 만다라 문양 그리기, 만다라 그리기, 목걸이 및 팔찌 만들기, 스테인드글라스 만들기, 집단 그리기, 점토활동, 정원 만들기, 꽃 만들기, 부채 만들기, 전시장 꾸미기와 전시회

 - 4차: 자유화, 자유작업, 손수건 염색, 입체 만다라, 만다라 문양 그리기, 집단정원, 꽃 만들기, 부채 그리기, 족자 만들기, 만다라 문양 색칠하기, 습식 수채화, 집단 나무, 목걸이

와 팔찌와 반지 만들기, 펜던트 만들기, 나무 공예 꾸미기, 티셔츠 염색하기, 압화족자 만들기 등

- 재료

  - 종이: 켄트지, 색 켄트지, 와트만지, 색지, 색 한지, 화선지, 색종이

  - 채색재료: 아크릴 물감, 수채화 물감, 포스터컬러, 염색 물감, 먹물, 크레파스, 마커, 파스넷, 사인펜, 스테인드글라스 물감, 다양한 붓, 팔레트, 만다라 그리기 문양, 민화 본

  - 입체재료: 접착제, 가위, 플라스틱 및 종이 접시, 지점토, 라이트 클레이, 비즈, 조화, 목공예 제품, 부채, 티셔츠, 흰 손수건, 바구니, 링, 가죽줄, 자연물, 조개, 칼, 가위, 풀, 목공풀, 꽃, 낚싯줄 등

  - 도구: 접시, 물통, 휴지, 물걸레, 스펀지, 신문지, 펀치, 나무 젓가락, 손 장갑 등

- 슈퍼비전: 4차 워크숍 동안 매 각 회기에 대한 슈퍼비전이 이루어짐

- 전시

  - 전시 목적: 소록도에서 수십 년간 사회적 단절을 겪은 한센병력 노인들이 미술치료를 통하여 편견과 소외된 삶의 굴곡과 더불어 억눌렸던 소망을 표현함으로써 마음의 치유과정이 이루어지는 것을 알리며, 작품 전시를 통한 사회적 소통과 만남의 기회를 가지도록 한다. 소록도 직원 및 직원 가

족들과 함께 오픈 스튜디오 형식의 미술치료를 통한 만남의
장을 마련한다.
- 기간: 2006년 2월~2009년 8월(총 5회)
- 장소: 소록도 병원 마을회관, 병원 1층 로비, 서울 인사동 덕
원 갤러리
- 작품: 한센병력 노인 작품 80~100여 점, 직원 및 가족 작품
20~30여 점

2. 한센병력 노인미술치료 사례[4]

1) 1차 노인미술치료

(1) 준비과정

시대가 바뀌면서 외부로 나갈 수 있는 문이 열렸지만 '그들의
마음의 문은 열렸을까? 그들의 마음의 상처는 치유되었을까?' 하
는 질문으로 미술치료를 전공하는 대학원생들과 소록도 자원봉사
의 문을 두드렸다. 소록도병원 의사의 도움으로 미술치료 석사과
정 학생들과 필자는 그곳에서 미술치료 봉사를 할 수 있는 허락을
받았다. 일정이 잡힌 후, 우리는 먼저 2006년 1월에 의사선생님을

---

4) 미술치료 사례는 2006년부터 2009년까지의 활동을 요약하여 정리한 것이다.

초대하여 한센병과 소록도의 역사에 대한 강의를 들었다. 그 후 어떤 곳의 후원 없이 자비를 들여 우리는 한센병력 노인들의 신체적·심리적 상황을 고려하여 주제, 재료, 프로그램, 진행과정 등에 대해 논의하고 그들에게 맞는 미술도구와 재료를 만들어 여러 번 사전 실습을 했다. 그러나 학생들은 멀게만 느껴졌던 소록도로 갈 시기가 다가오자 어떻게 그들을 만나야 하는지, 그들의 모습을 보고 놀라지 않을지, 그런 놀람이 그들의 눈에 바로 드러나진 않을지에 대해 다시 걱정을 하였다.

2006년 2월, 우리는 서울에서 새벽 버스를 타고 고흥에 도착하여 다시 배를 타고 저녁 무렵에 소록도에 도착했다. 우리는 몇 시간 동안 차와 배를 타고 소록도에 도착할 때까지 별 말을 나누지 않고 각자 생각에 잠겨 있었다. 그 당시 육지에서 10여 분 배를 타고 가야 하는 작은 섬, 그것도 한센병력 노인들과 의료진과 병원 직원, 종교시설, 직원사택이 전부인 섬에 우리는 첫발을 디디게 되었다.

우리는 의사와 간호사 분과 인사를 하고 마을 대표 분들을 만나 우리와 미술치료를 소개하며 3일 동안의 봉사활동에 참여와 도움을 부탁했다. 이 분들은 미술치료에 대해 전혀 모르고 있었고, 더군다나 봉사라면 노래와 같은 공연, 집안일 돌봐 주기, 청소, 식사 도와주기로 알고 있는 상황에서 그림을 그린다는 것을 탐탁히 여기지 않고 거부반응을 보였다. '그림은 무슨…….' '아이들이나 하는 것을 우리가 왜 해?' '우리는 그런 것 안 해.' ' 노래나 하고 청소나 해 주면 되는데…….'

미술치료 봉사자들은 걱정이 현실에 부딪히면서 미술치료에 아무도 오지 않을 것 같다는 우려와 긴장감이 매우 높아졌다. 필자는 미술치료의 힘을 믿기 때문에 학생들을 격려했지만, 이분들의 차가운 거부에 내심 걱정이 되기도 했다. 그러나 그날 저녁 우리는 3일 동안 오전과 오후 각 2시간을 받아 전체 5회기로 정하고 저녁마다 슈퍼비전을 하고 마지막 날은 전시회를 하는 것으로 일정을 정했다.

소록도 노인의 주거 형태는 두 형태로 나뉜다. 노령으로 독립생활이 어려운 주민은 병원 가까운 곳에 위치한 집단 형태 거주로 긴 복도에 연결된 방마다 1인 혹은 2인이 생활하면서 식사는 배식을 받는다. 언어, 손사용, 걸음걸이 등에 큰 문제가 없는 노인은 단독 집에 혼자 혹은 부부로 살면서 자립적으로 생활한다. 연령이 높아지면서 치매, 정신병, 중환자가 된 노인의 경우 치매병동, 정신병동, 중환자실에 입원하고 있다. 첫 미술치료 워크숍의 대상은 마을 대표 어르신의 안내로 집단 형태의 주거공간에 거주하는 노인들로 한정하였다.

(2) 첫째 날 미술치료

미술치료 봉사자들은 오전에 마을회관 강당에 의자와 테이블을 집단 형태와 개인 형태로 배치하고 재료들을 한눈에 볼 수 있도록 펼쳐 두었다. 대상은 마을회관에 연결된 공간에서 생활하는 노인들이었다. 봉사자들은 노인들에게 미술치료 실시를 알리고 거동이 힘든 노인에게는 몇 명의 봉사자가 방을 방문하여 미술치료를 하기로 했다.

우리는 짝을 나누어 노인들의 방이나 집을 방문하여 인사를 하고 미술을 함께할 수 있도록 안내하기 시작했다. 이곳의 노인들은 대부분 말이 어눌하거나, 병으로 인하여 두 손 혹은 한 손에 손가락이 거의 없는 소위 몽당손인 경우가 많았다. 시력 문제로 한쪽 눈이 안 보이거나 시력이 매우 약한 경우, 말이 잘 안 들리는 경우도 있었다. 일부는 다리를 절어서 휠체어를 사용하거나 부축을 해야 하는 상황이었다.

우리는 재료를 가지고 각자 방을 조심스럽게 노크하고 인사하며 우리 활동을 소개한 뒤, 간단한 미술실습을 권유했다. 노인들은 대부분 반신반의하거나 그림을 못 그린다고 고개를 젓거나, 무표정하거나 별 반응을 보이지 않았다. 그러나 노인들은 간단한 미술활동으로도 결과물이 나오는 것을 반기면서 처음과는 달리 참가의사를 보였다.

시간이 되자 3명이 자발적으로 참여하고 한 명은 미술치료 봉사자들의 안내로 휠체어를 타고 미술치료 장소로 왔다. 큰 공간에 참가자보다 미술치료 봉사자들이 더 많은 상황이었다. 반신반의하던 노인들도 들렀지만 구경만 하고 가 버렸다. 참가자들은 우리의 걱정과는 달리 물감, 크레파스, 한지, 종이, 입체재료에 관심을 보이기 시작했다.

첫 주제는 '내가 좋아하는 이미지' '습식 수채화를 통한 자유연

그림 6-1 색 스펀지 찍기

상' 또는 '자유화'였다. 이를 위해 미술치료 봉사자들은 꽃이나 나무 등 다양한 이미지의 그림본을 제시했다. 봉사자들은 준비해 간 손바닥 쪽에 스펀지를 붙인 면장갑을 참가자에게 끼워 주며 좋아하는 물감 색을 골라 찍기를 도왔다([그림 6-1]). 참가자들은 처음에는 찍힌 물감 이미지가 무엇인지 모르겠다고 하거나 그냥 바라보기만 했지만 반복하면서 사람, 나무, 사과, 꽃, 십자가 등 다양한 이미지로 표현하였고 점차 흥미를 가지고 진지한 모습과 집중력을 보였다([그림 6-2]). 어떤 참가자는 혼자서 자신만의 그림을 자유롭게 그렸다([그림 6-3]).

두 손가락만 있는 참가자는 미술치료 봉사자들의 우려와는 달리 능숙하게 미술재료와 도구를 사용하였다. 이를 보면서 우리는 몽

그림 6-2 색 스펀지 찍기, 습식 수채화

그림 6-3 자유화: 나무

그림 6-4 만다라 색칠, 민화 색칠

당손인 참가자들을 위하여 고심하여 도구들을 만들어 갔지만, 참가자들이 오랜 세월 동안 남은 신체 일부로 생활에 어떻게 적응하는지 놀라지 않을 수 없었다. 우리가 참가자들의 그림을 벽에 붙여 두자 그들은 쑥스러워하면서도 싫지 않은 표정이었다([그림 6-4]). 오후 회기엔 오전의 참가자 4명에 2명이 더 왔고 다른 노인들은 문 앞에 서서 구경만 하고 갔다.

저녁에 필자와 미술치료 봉사자들은 전체 평가, 잘했던 점, 새로운 점, 내담자와 미술치료 봉사자들의 관계, 태도, 재료 준비 상황, 걱정되는 점, 어려운 점 등에 대해 의견을 나누면서 자연스럽고 편안한 상황에서 슈퍼비전이 이루어졌다. 봉사자들은 참가한 노인들이 예상보다 집중하여 미술활동을 한 것을 놀라워했으며, 참가자가 적어 걱정을 많이 하였다. 무엇보다 봉사자들은 낯설고 두려운 마음이 많았기 때문에 서로 첫 경험을 오랫동안 이야기하였는데, 그 내용은 다음과 같다.

'첫 방문 전에 너무 너무 떨려 방에 들어갔을 때 어르신이 내가 떠는 것을 눈치챌까 걱정을 많이 했어요.' '독특한 인생 경험으로 우리와 다르고 마음도 어두울 것이라는 막연한 예상과는 달리, 편안하게 우리를 반겨 주셔서 걱정했던 마음보다 친근하게 다가갈 수 있었어요.' '첫 방문이 힘이 되어 걱정했던 것보다 더 편안한 마음으로 여러 방을 방문할 수 있었어요.' '마을 분들의 무관심한 태도에 약간 주눅이 들기도 했어요.' '할 줄 아는 게 없다고…… 자기는 초등학교도 못 나와서…… 너무 자신이 없다고 했지만, 다른 사람들이 칭찬을 해 주자 힘을 얻어 자신 있게 그림을 그리고, 마친 후에도 자리를 떠나지 않으셨어요.' '손가락이 2개 밖에 남아 있지 않으셨지만 아주 재치 있게 작업하셔서 우리가 도와드릴 것이 없었어요.' '미술작업을 보고 새로운 면을 발견했다고 서로 격려하시는 모습이 너무 보기 좋았습니다.' '특히 만다라 작업을 좋아하셨던 할아버지는 그 분의 천진난만한 미소처럼 그림도 순수했어요.' '개인 작업 탁자를 따로 쓰면서 수십 장의 그림을 그리는 데 집중하는 ○○○ 씨 모습이 인상적이었습니다.' '옛날 자신의 꿈을 이야기하시거나 잘 자란 자식을 자랑하시는 모습, 우리를 위해 기도해 주신다는 말씀에 감동했어요.' '손가락이 없어 도와드리려 했지만 몽당손으로 아주 능숙하게 하시는 것을 보고 놀랐어요.' '제가 이곳에

와서 이분들을 만나지 않았더라면 계속 편견을 가졌을 것입니다.'
'미술이 참 신기하게도 서로의 마음을 열게 하는 것 같아요.' '시작
할 때 부담감이 많았지만 미술로 벽이 허물어지는 것 같아요.'

(3) 둘째 날 미술치료

다음 날도 봉사자들은 시작 전에 각 방을 다니면서 미술치료를
권유하였고, 한결 부드러워진 표정과 활발하고 친근한 모습으로
노인들을 맞이하였다. 노인에게 '○○○ 어르신' 하면서 먼저 반
기며 손을 잡거나 팔을 잡는 모습도 훨씬 자연스러워졌다. 낯설어
하거나 무표정했던 참가자들도 엷은 미소를 지으며 오거나 "오늘
은 무엇을 그릴까." 하면서 들어오기도 했다. 우리와 참가자들은
서로에게 좀 더 익숙해진 모습이었다. 참가자가 10명이 넘었으며

그림 6-5 풍경 만다라

자신이 원하는 것을 말하고 본인이 재료들을 선택하며 어제와 같은 작업을 봉사자들의 도움 없이 시작하기도 했다([그림 6-5]). 처음 온 참가자는 재료와 옆 참가자들의 활동을 구경한 후에 봉사자의 안내를 받아 활동을 시작했다.

한 남성 참가자는 검정 물감을 풀어서 종이에 사각 형태를 순식간에 그렸는데, 30여 장을 계속하여 그 형태만 그리는 데 집중했다([그림 6-6]). 봉사자들은 그의 집중력과 작업을 관찰하면서 종이를 더 준비해 주기만 했다. 마치는 시간이 되어 그가 붓을 놓자 우리는 "정말 집중하셨다."고 말해 주며 무엇을 그렸는지 조심스럽게 물었다. 그는 어눌한 말투로 "이거 집인데……." "이거는 (문을 가리키며)

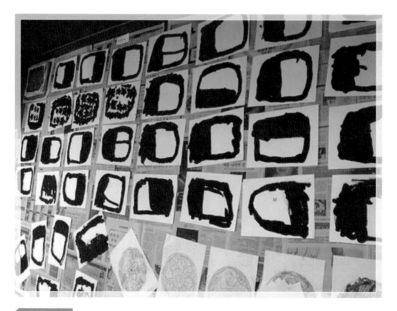

그림 6-6 문

저거 보고 그렸어……." 하며 환한 미소를 보였다. 그는 왜 그것을 그렸는지는 설명해 주지 않았다. 그의 모습에서 몇 십 년 동안 표현하고 싶었을 집을 집중하며 그릴 수 있었던 만족감이 보이는 듯했다. 특히 이 참가자는 우리의 예상과는 달리 한 회기마다 수십 장의 그림을 그려 준비해 간 재료가 모자라 봉사자들이 미술치료를 마친 후 배를 타고 육지로 가서 종이를 다시 구입해야 했다.

참가자들은 종이 원을 선택하여 색칠하기, 이미지 그리기 또는 자신이 원하는 것을 하루 전의 패턴대로 그리기를 하였는데, 첫날보다 좀 섬세하고 능숙해졌다([그림 6-7]). 무엇보다 참가자들의 몰두하는 모습, 작품을 보며 만족하여 소리 내어 웃는 모습, 자연스럽게 옛날 이야기를 주고받는 모습, 봉사자들의 반응에 즐거워하는 모습이 겨울의 크고 을씨년스러운 공간을 따뜻한 분위기로 만

그림 6-7 **풍경 만다라**

들었다.

몸이 불편해도 참가한 여성 노인은 활동을 얼마 못하고는 아쉬워하면서 눈물을 글썽이며 "천국에서 다시 만나요."라는 말을 하고 떠났다. 그녀의 인사는 미술치료 봉사자들에게 오랜 여운을 남겼다. 미술치료에 거부반응을 보이고 회의적이던 노인들도 들러 참가자들의 그림을 보고 "잘 하네." "왜 이리 많이 그렸어." "재미있는가 보지."라며 관심을 보였지만 활동은 하지 않았다. 그러나 이 노인들도 다음 여름 워크숍부터 참가하였다.

우리는 이틀간의 미술치료 작품들을 전시하기 위해 새벽까지 종이 액자를 만들고 구성하여 미술치료 공간에 참가자들의 작품을 개인별, 단체별로 걸어두었다.

(4) 셋째 날 미술치료

우리는 미술치료 참가자들과 마을 어르신들, 의사와 간호사 및 직원들을 초청하여 1차 전시회를 하였다. 아무것도 없어 휑하던 강당 벽이 수집 장의 작품으로 꾸며지고 준비한 음식들로 전시장은 잔치 풍경 같았다. 전시회에 온 다른 마을 노인들은 " 여기 ○○도 그렸네, 잘 그렸네." "○○가 이렇게 그림을 잘 그렸나?" " 모두 화가네!" "이거는 무엇을 그렸어?"라며 질문을 하며 칭찬을 아끼지 않았다. 병원 직원들도 "이것이 ○○ 씨가 그리신 거예요?" "이렇게 그림을 잘 그렸어요?" 등 칭찬을 하였다([그림 6-8], [그림 6-9], [그림 6-10]).

그림 6-8 풍경화

그림 6-9 민화 재구성

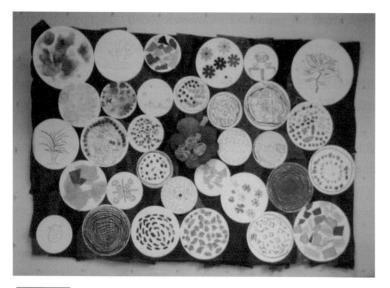

그림 6-10 │ 만다라 전시

　미술치료에 참여했던 노인들은 많은 사람이 와서 작품을 감상하고 각 개인에게 그림에 대해 물어 보는 것에 흡족하며 자랑스러운 미소를 보였다. 이들은 전시가 끝나면 그림은 방으로 가져가겠다고 하기도 하고 복도에 붙여 두어도 좋다고 하였다. 참가자들은 전시회를 마칠 쯤에는 서로에게 "어이, 최 화백, 김 화백" 하면서 미술전을 즐겼다.

　전시회를 통하여 미술치료를 경험한 노인 참가자들은 자신이 봉사받는 대상이 아니라 스스로 주체가 되어 미술활동을 하였으며 감상자들에게도 미적 아름다움을 느끼게 함으로써 서로가 미술로 소통할 수 있고 더 잘 알 수 있다는 것을 보여 주었다. 여기에서 노인들은 더 이상 한센병 환자가 아니라 미술로 자신을 드러낸 자기 본연의 힘을 가진 존재로 부각되었다. 전시장은 미술로 자신의 내면을 표현한 참가자들의 창의적 힘의 파장이 감상자들에게도 전해져 모두가 한마음이 된 가슴 뭉클한 공간으로 변하였다.

(5) 1차 노인미술치료 봉사 소감

소록도 노인미술치료로 첫 봉사를 마치면서 봉사자들은 무엇보다 하나같이 처음의 걱정과는 달리 잘 왔다고 했다. 이들은 자신의 선입견 및 편견에 대한 부끄러움, 자신이 치료를 받은 느낌, 미술로 소통할 수 있는 것에 대한 전공자로서의 뿌듯함, 미술이 가진 힘의 재발견 등의 피드백을 나누었다. 학생 봉사자들은 소외되고 편견에 시달렸음에도 맑은 정신을 가지고 사랑이 많은 노인들의 모습, 자신의 삶에 대해 담담하게 이야기하는 모습, 미술을 통해 과거의 기억을 끄집어 내어 행복해하는 모습 등에서 오히려 감동을 받았다고 했다.

봉사자들은 노인들과의 첫 만남, 마음속으로 겁냈던 기억, 눈이 안 보이지만 하모니카를 불어 주시던 분, 굶은 듯 그림을 그리시던 분, 모자라는 재료를 사기 위해 배를 타고 인근 지역에 다녀오기도 했던 일 등이 특히 기억에 남는다고 하였다. 미술치료 시작에 대한 걱정과 더불어 아직 초보 미술치료 실습생이던 학생 봉사자들은 노인미술치료 경험을 통해 치료의 의미와 필요성을 깨닫고 자기안정감을 얻었으며 치료사로서의 정체성을 확인하는 기회를 가졌다.

또한 미술치료의 목표를 어느 정도 이루었는지 서로 의견을 나누었다. 무엇보다 미술을 통하여 노인 개인의 욕구와 소망, 내재된 활력을 경험하게 했다는 것과 젊은 미술치료 봉사자와 노인들이 소통하는 기회의 문을 열었다는 것, 노인 참가자들이 삶에서 경험한 것 중에 즐거운 기억을 표현하고 싶어했다는 것이 중요한 의미를 주었다고 하였다. 봉사자들은 이들의 노년을 함께 나누겠다는 마음으로 다음 워크숍을 약속하고 돌아왔다.

2) 서울 미술치료 전시회: 〈닫힌 문, 그림으로 열다〉

소록도 전시회를 마친 후, 소록도에서 수십 년 간 사회적 단절을 겪은 한센병력 노인들이 미술치료를 통하여 소외된 삶의 굴곡과 소망을 표현함으로써 마음의 치유과정이 이루어지는 것을 사회에 알리고자 전시회를 준비하였다. 이 전시회는 한센병력 노인들이 작품 전시를 통하여 사회적 소통과 만남의 기회를 가질 수 있도록 서울 인사동에서 이루어졌으며, 병원 관계자들과 참가자들의 동의를 얻었다. 전시회는 2006년 11월 22일부터 28일까지 열렸으며, 이 기간 동안 많은 방문객이 한센병력 노인들의 미술작품을 진지하고도 흥미롭게 관람했다([그림 6-11], [그림 6-12], [그림 6-13], [그림 6-14]). 전시회 동안 소록도병원 관계자와 노인들의 허락을 받아 미술활동 모습을 찍은 사진들을 영상으로 제공하였다([그림 6-15]).

다음은 서울 전시회 기간 동안 발표된 보도자료의 일부다.

그림 6-11 전시회 작품: 자유화

〈소록도 한센병 환자 50명이 22일부터 1주일 동안 서울 인사동 덕원갤러리 5층에서 전시회를 갖는다. 이 전시회에 〈초등학교〉를 출품한 한센병 환자 한 모 씨(78)는 그림 한 점이 마음속 응어리를 풀어 줬다고 했다. 〈문〉이란 작품을 출품한 유 씨는 "한센병 환자라는 멍에 때문에 평생 마음의 문을 닫고 살았는데 이번 그림 전을 통해 닫힌 '문'을 활짝 여는 계기가 됐다."고 고백했다. 또 다른 분은 "이제 속이 후련해." "나이 80이 다 됐는디 글쎄, 초등학교 시절이 아직도 미치도록 그리워. 그땐 한센병을 앓기 전이었지. 학교 교정에서 뛰놀던 친구들 얼굴이 지금도 빠히 떠오른다니까. 한번 찾아가 보고 싶었는데 평생 가슴앓이만 했지 뭐야. 내가 다녔던 모교를 그림으로 그리고 나니까 이제야 마음이 후련해……."〉

그림 6-12 전시회 작품들

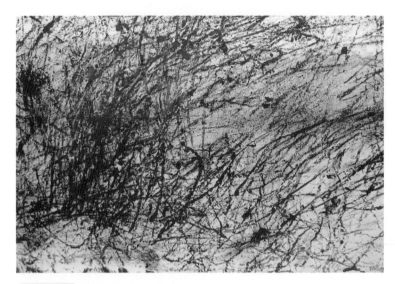

그림 6-13 전시회 작품: 자유화

그림 6-14 전시회 작품: 자유화

그림 6-15 | 전시회 작품: 사진

3) 2~4차 노인미술치료

1차 미술치료 봉사 이후 미술치료 봉사팀은 소록도 병원장 이하 의료진들의 적극적인 지지를 받고 2009년까지 노인미술치료를 계속하게 되었다. 후원팀인 한화 직원들은 처음에는 집 수리 봉사를 하였으나 3회부터는 미술치료 봉사를 함께 하였으며, 2008년부터는 소록도 병원 직원, 직원 가족들과 함께할 수 있는 '소록도 가족들과 함께하는 미술치료 워크숍'으로 확대되었다. 프로그램도 한센병력 노인들뿐만 아니라 의료진과 관련 종사자 및 가족까지 어우를 수 있도록 다양하게 기획하여 오픈 스튜디오 형식으로 진행하였다. 또한 장소도 마을회관에서 병원 본관 1층으로 옮겨 더 넓고 안락한 로비에서 진행하였다. 오전과 오후 시간을 정해 놓고 미술치료를 진행하였는데, 참가자들과 직원 및 직원 가족에게 홍보를 하고 관심이 있는 누구나 참여할 수 있게 하였다. 정신병동, 치매병동에서는 개인미술치료가 실시되었다.

본관에서 멀리 떨어져 자율적 생활을 하는 한센병력의 마을 주민들을 위해 미술치료 봉사자들은 마을을 찾아다니며 '찾아가는 미술치료'를 실시했다. 마을의 미술치료에 처음 참가한 노인들은 마치 매주 미술치료를 했던 것처럼 봉사자들을 반가이 맞아 주며 자신이 좋아하는 활동을 자연스럽게 시작하였다. 그런 후에는 새로운 재료를 돌아보고 "이거는 뭐하는 거야?" "예쁘다!" "빨리 가르쳐 봐." 하기도 하였다. 전에는 한 가지 색으로만 화지를 모두 채웠던 여성 노인은 몇 번의 참여 후에는 한 시간 이상을 여러 색을 사용하는 즐거움에 집중하였다. 특히 이 여성 노인은 인조 꽃과 비즈들을 보면서 보석을 보고 좋아하듯 "예쁘다!"를 연발하며 작업을 하였다([그림 6-16]).

미술활동을 하면 한 회기에 30여 점을 순식간에 그리던 참가자는 항상 자신의 공간을 확보하여 무더위에 상관없이 활동에 몰두했다. 문만 그리던 참가자도 해가 바뀌자 다양한 색의 문을 그렸고([그림 6-17]), 점토활동과 부채 만들기, 만다라 그리기, 손수건 만들기 등으로 활동을 확장하며 다른 참가자들과 함께하였다. 그는 전체 회기에 걸쳐 누구보다 열심히 참여하였는데, 그가 그린 작품은 100점이 훨씬 넘었다.

그림 6-16 정원 만들기

그림 6-17 문

한 남성 참가자는 언제나 그랬듯이 습식 수채화에 매료되어 한 장씩 그리고 난 후에 물감색들이 섞이는 것을 보면서 흥분하여 우리를 부르며 "이것 봐!"를 연발하며 좋아했다([그림 6-18]). 우리가 감탄하면 그는 "다시 보여 줄게." 하면서 계속하여 그림 그리기를 즐겼다. 이 참가자는 식사 시간도 잊은 채 그림을 그렸고 우리가 식사시간이라는 것을 알려 줘도 "점심 안 먹어도 괜찮아." 하면서 그림에 빠졌다([그림 6-19]). 그는 그림으로 우리와 소통하였다. 아이처럼 자신의 활동에 몰두하고 또 우리가 보아 주고 감탄해 주기를 기다리는 모습에서 자신감이 높아진 모습을 볼 수 있었다. 한 참가자는 말없이 남녀를 그리고 남자는 자신이고 여자는 미술치료 봉사자를 그렸다고 하였다. 그는 미술치료 활동에 대한 즐거움과

그림 6-18 **습식 수채화**

그림 6-19 ｜ 습식 수채화 시리즈

봉사자들에 대한 고마움을 그렇게 그림으로 표현하였다. 다른 참
가자들도 만다라와 부채 만들기에 색을 다양하게 쓰면서 모든 활
동에 아주 만족한 미소를 보였다([그림 6-20], [그림 6-21]).

어떤 참가자는 오겠다고 하고 오지 않아 봉사자가 찾아갔지만
"할 수 있는 게 없어." 하면서 거절하다가 "구경이라도 하시면 된
다."는 봉사자의 말을 듣고 왔는데, 그는 그런 말을 한 적이 없는
듯이 오자마자 바로 점토 작업과 비즈 만들기에 몰두하였다.

그러나 처음 참가한 노인 중에는 "나는 해 본 적이 없어." "뭘 해
야 할지 모르겠어……." 하며 옆 노인의 활동을 보기만 하는 노인
도 있었다. 여러 번 참여했던 참가자들은 그들에게 활동을 설명해
주면서 재료까지 챙겨 주기도 하였다. 어떤 참가자는 시력이 매우

안 좋은데도 인조 꽃과 라이트 클레이를 만지는 것만으로도 "이거 좋네!"하면서 촉감을 즐겼다. 미술치료 봉사자들의 역할이 많이 줄었고, 낯설어하고 용기를 못 내던 이들도 점차 "옛날에는 이런 것이 없었어…." "괜찮네." 하면서 활동에 집중하기 시작하였다. 노인 참가자들은 젊은 미술치료 봉사자들이 많은 것에 흡족해했다. 어떤 참가자는 봉사자 한 명 한 명의 이름을 물어보고 이름에 담긴 의미를 풀어 주면서 잘 살라는 메시지를 전하여, 봉사자들은 감동을 받았다. 중환자 병동에 있는 노인환자들에게도 개인미술치료를 실시하였는데, 눈도 귀도 잘 들리지 않는 환자는 그림을 그리다가 말 없이 눈물을 흘리기도 하였다.

마을회관에서 함께 담소를 나누거나 장기를 두던 노인들은 봉사

그림 6-20 부채 만들기

자들이 미술치료를 실시하자 구경만 하다가 점차 다가와 참여하였고, 심지어 옆 마을 노인들에게 오라고 연락하기도 했다. 이웃 마을 노인들도 다양한 작품을 하고 만족해하며 어떤 작품들을 집으로 가지고 갔다. 미술활동을 해 본 적이 없다고 거절하던 여성 노인은 봉사자와 문패를 만들고 그곳에 꽃을 달고는 아주 좋아했다. 또한 이들은 미술작업과 작품을 보면서 오랫동안 함께 지내면서 알지 못했던 면을 새롭게 발견하고 서로 칭찬하고 격려하면서 즐겁게 시간을 보냈다. 마을에는 글씨를 잘 쓰는 분이 계셨는데, 손가락이 없지만 세필 붓을 고무줄로 손에 고정하여 명언을 쓰는 작업을 하였다. 이 참가자를 만나면서 우리는 다음에 붓펜이나 먹물, 서예 붓을 준비해야겠다고 생각했다.

그림 6-21 전시회 작품

  한 여성 노인은 자신은 초등학교도 못 다녀 할 줄 아는 것이 없다고 시작할 엄두를 못 내었지만 봉사자들이 차례와 재료 사용법을 알려 주자 그림을 그리기 시작하였다. 이 참가자는 시작이 어려웠지만 조용히 집중하여 활동에 몰입하였고, 마을 분들이 오가며 자신의 그림을 구경하고 칭찬을 많이 하자, 미소를 띠며 작업에 몰두하며 마감 시간이 되어도 그곳을 떠나지 않았다. 또한 참가자들은 젊은 미술치료 봉사자들을 보고 어디서 왔는지, 어떤 공부를 하는지를 묻고 자신의 아들도 서울에 취직되었다고 자랑하거나 자식이 장성하여 손자들과 잘 살며 명절에 이곳에 방문한다거나 젊었을 때 하고 싶었던 일이나 취미생활, 자식이 곧 결혼을 한다는 소식을 자랑스럽게 들려 주었다. 이들은 자식 이야기뿐 아니라 얼마 전까지만 해도 섬 건너 이웃 마을 사람들은 소록도 환자들이 가

그림 6-22 전시회 작품

게에서 물건을 사려 해도 팔지 않거나 식당과 미용실 같은 곳에서
도 자신들을 눈에 띄게 꺼려했다고 불만을 토로했다.

외부와 오래된 단절 생활을 하던 이들은 소록도에서는 서로 협
동하면서 지내는 삶이 익숙하다고 했다. 비교적 활동을 잘 하는 젊
은 노인들은 마을 일을 자체적으로 처리하고 신체 장애가 심해지
는 노인들을 보살피며 서로 가족처럼 지내는 모습이었다.

마지막 날 본관 전시회에는 마을 참가자들도 참여하여 처음보
다 더 활기찬 전시회를 할 수 있었으며, 마치 잔치를 하듯 서로의
작품을 칭찬하며 덕담을 주고받았다([그림 6-22], [그림 6-23], [그림

그림 6-23 전시회 작품

그림 6-24 전시회 작품

6-24J). 참가자들은 자신의 작품 앞에서 한참 동안 발을 떼지 못하고 뿌듯해하는 모습을 보였다. 미술치료 봉사자들은 참가자들의 이러한 모습에 준비하느라 힘들었던 것도 잊은 듯 기뻐했다. 한화 직원 봉사자들은 악기를 가져와 작은 콘서트도 열며 초기에 집 수리를 하고 미술치료 팀과 나누어 하던 활동보다 훨씬 친근하게 참가자들과 함께하는 시간을 가졌다.

　우리는 봉사활동을 종료하면서 내년을 기약하였고, 미술치료에 관심이 있는 간호사에게 미술 재료와 만다라 문양 책을 전하며 노인들에게 적용하도록 권하였다.

4) 전체 평가

4차에 걸친 소록도 한센병력 노인들을 위한 미술치료를 평가하면 다음과 같다.

- 한센병력 노인들은 미술활동을 통하여 자기표현, 정서 표현, 카타르시스와 잠재된 창의성을 표출하는 치료적 경험을 하였다.
- 미술활동을 통한 즐거움, 자기몰두, 성취감, 만족감, 존중받는 느낌을 경험했다.
- 집단활동과 공동의 주제들을 통한 의사소통과 공동체 의식을 공유하는 기회를 가졌다.
- 고통과 침묵을 견딘 삶을 표현하고 회상하면서 현재를 수용하는 내적 자원을 얻었다는 것을 인식했다.
- 미술치료 봉사자와 직원 및 직원 가족과 미술을 통한 자기 개방과 상호 소통과 사회적 관계를 경험했다.
- 전시회, 대중매체를 통해 소록도 한센병력 노인들의 미술치료 의미와 효과를 알릴 기회를 가졌다.

5) 소록도 노인미술치료 후기

필자와 미술치료 학생 봉사자들은 4차에 걸친 소록도 노인미술

치료 봉사 동안 매회 미술치료 후 슈퍼비전 시간을 가지며 하루 평
가와 다음 날 준비 상황을 점검하였다. 이 시간 동안 봉사활동에
대한 소감을 많이 나누기도 하였지만 후에 감상문을 써서 서로 나
누어 보았다. 4년 동안 모두 참가한 학생도 있었지만 소록도가 처
음인 학생이 대부분이었다. 다음은 소록도 미술치료 봉사에 대한
참가한 학생 봉사자들의 감상문과 필자의 체험에 근거하여 재구성
한 글이다.

　우리는 소록도의 한센병력 노인미술치료 봉사자를 모집한다는
말을 듣고 나병환자에 대한 선입견으로 참여하는 것이 낯설고 두
려웠다. 사실 '그곳으로 가도 괜찮을까?'라는 생각이 제일 먼저 들
었다. 부모님도 우리가 소록도에 가서 미술치료를 한다고 하면 말
릴 것 같은 걱정도 들었다. 고민을 많이 했지만, 미술치료 공부를
시작하면서 어려운 사람들을 돕겠다고 다짐했던 기억이 되살아났
다. 이런저런 핑계를 대면서 하지 않는다면 언제 할 것이며, 교수
님과 선배와 동료들과 함께하는 이 기회를 놓치면 후회할 것 같고,
또 미술치료 하는 것을 보기만 하여도 배울 점이 많을 것이란 생각
으로 용기 아닌 용기를 내서 참여하기로 했다.
　우리는 소록도에 가기 전, 소록도의 역사와 한센병에 대한 강의
를 들었다. 우리가 막연하게 무섭다고 느꼈던 한센병과 그분들의
삶이 얼마나 고통스러웠는지를 조금 알게 되었다. 몽당손이 대부
분이고, 눈이 잘 보이지 않거나 말이 들리지 않거나 말을 잘 못하

는 분이 많은 곳이라 우리는 그분들의 신체조건과 장애에 맞는 미술도구들을 만들고 프로그램을 준비했다. 이런 과정에서 걱정과 두려움은 조금씩 사라지고 설렘과 기대감이 우리를 격려했다. 또 이미 참가했던 선배들이 소록도가 얼마나 아름다운 곳이며, 마을 분들도 우리 할아버지, 할머니처럼 친근하다는 이야기를 해 주어서 빨리 가고 싶다는 마음까지 들었다. 그럼에도 출발할 날이 다가오자 그들의 모습을 보고 놀랄 우리의 표정과 악수라도 할 수 있을까 하는 불안, 막연한 두려움과 긴장이 점점 높아지고 심장도 두근거리기 시작했다. 2009년에는 남자 대학생 봉사자들이 참여하여 무거운 미술 재료 짐을 올리고 내리는 데 큰 힘이 되었다.

미술치료 선배 봉사자에게 2008년까지는 아침부터 서울에서 버스와 차를 나누어 타고 고흥에서 배를 갈아타고 저녁이 되어서야 소록도에 도착했다는 이야기를 들었는데, 2009년에는 소록대교가 개통되어 버스로 바로 소록도에 들어갈 수 있는 것이 믿겨지지 않았다. 거의 100년이 되도록 섬에 갇혀 살아온 한센병력 노인들에게 이 다리에 대한 감회가 어땠을까 하는 생각을 하니 가슴이 뭉클했다. 우리는 물리적 불통만이 아니라 마음의 불통이 더 고통스러웠을 이분들에게 이제는 이 다리로 마음의 소통까지 이어지기를 염원했다. 문둥이는 어린이들을 잡아먹는 무시무시한 존재라며 절대 접근하지 못하게 했던 예전 어른들의 이야기와 소록도가 겹쳐지면서 이들의 삶을 송두리째 오해했다는 죄송한 마음이 들었다.

올해는 소록도를 구경하러 온 관광객이 무척 많아 섬이 붐비는 상황이었다. 소록도라면 고요하고 사람들의 왕래가 없는 곳이라고 생각한다면, 이 광경은 반전이었다. 우리 중에 이미 몇 년을 온 선배들도 작년과는 사뭇 달라진 상황에 놀라기도 했지만, 이 섬의 포근함과 친근감은 여전하였다.

우리가 도착하자 마을의 어르신 몇 분이 반갑게 맞아 주셨고, 교수님과 포옹을 하시던 분은 처음 오는 학생들도 안아 주며 반겨 주셨다. 이곳이 처음인 팀원들은 당황스러워하면서 쭈뼛쭈뼛 인사를 주고받으면서도 겉으로는 밝은 모습을 보였다. 어쩌면 이분들은 우리의 이런 모습과 속마음을 잘 알고 계실 것이라는 생각도 들었다.

우리는 저녁에 미술치료 장소를 꾸미고 재료들을 풀어놓고 병원 문 앞에 미술치료 홍보지를 붙이며 미술치료 첫날을 준비하였다. 우리는 마을회관에 갈 재료도 따로 준비해 두고 팀을 만들어 교대로 병원과 마을을 맡기로 했다. 교수님은 우리가 무언가를 해 드린다기보다, 그분들이 좋아하는 재료를 알려 주며 동기를 가지도록 하거나 옆에서 지켜보는 것만으로도 이분들에게는 힘이 될 것이라고 했다.

아침이 되어 간단한 미술치료 재료를 준비해서 거동이 불편한 노인분들이 계시는 복도가 긴 방을 찾아갔다. 낡고 작은 문들을 보자 우리는 다시 가슴이 떨렸다. 한센병과 남다른 운명의 굴곡을 살아온 그들은 우리와 다를 것이라고 생각했던 것과는 달리, 앞을 볼 수 없는 할머니께서 반갑게 웃으면서 우리를 맞아 주셔서 마치 시

곧 할머니 댁을 방문한 것 같았고 두려움은 금방 사라졌다.

처음에는 미술치료에 대해 들어 본 적 없고 미술활동에 대한 거부감을 보이거나, 배우지 못해서 안 한다고 했던 노인들은 몇 차례 우리를 만나면서 이제는 미술치료를 기다리게 되었다고 한다. 우리는 그 말에 반가움과 동시에 소통의 놀라움에 대한 고마움을 느끼게 되었다. 선배들이 첫해의 소록도 미술치료 상황을 얼마나 자주 이야기하였던가! 서로 낯설어하며 노인들이 미술로 치료를 한다는 것에 거부를 할 때, 선배들은 안타까운 마음과 동시에 미술치료를 공부하는 학생으로서 정체성 혼란이 왔었다고 했었다. 그러나 마음을 문을 열지 않았던 노인들이 하루가 다르게 미술활동에 몰두하는 것을 보면서 "이래서 미술치료가 대단하다고 하는구나!"라고 목소리를 높였다고 하지 않았던가!

미술치료 공간을 찾은 손가락이 몇 개 없는 어르신, 등이 많이 굽은 어르신, 한쪽 눈은 안 보이고 남은 눈의 시력도 약한 어르신, 치아가 거의 없는 어르신, 얼굴 형태가 일그러진 어르신, 휠체어를 탄 어르신 모두 불평 없이, 아니, 오히려 즐겁게 미소를 잃지 않고 미술활동에 몰두하였다. 미술활동을 하면서 항상 웃으며 우리에게 작품을 보여 주던 아흔이 넘은 분의 즐거운 모습에 우리도 행복했다. 선글라스를 낀 맹인이 된 분이 우리 곁에서 하모니카로 아름다운 노래를 들려주시며 "젊은이들이 와서 참 좋다."라고 하셨을 땐, 가슴이 뭉클했다. 티셔츠 염색에 나뭇잎을 올려놓고 신문지를 누르면서 "잘 나와라, 잘 나와라."라고 기도처럼 주문을 외던 모습,

나무 목걸이에 자신이 원하는 것을 집중하여 그린 후 우리가 멋지다고 하자 멋쩍은 미소를 지으시던 모습도 생생하다.

우리는 정신병동이나 중환자 병동에도 찾아가서 개인미술치료를 실시하였다. 직원들의 자녀들도 호기심을 가지고 참여하였다. 이런 모습을 보면서 우리의 선입견과 두려움은 사라졌고, 마치 고향을 찾은 기분이었다.

소록도 노인미술치료 경험은 우리가 먼저 마음을 열고 다가가는 것이 어떤 것인지를 배우는 기회가 되었다. 또한 이분들을 만나면서 어떤 어려움을 겪었는지 우리가 알려고 하지 않고 몰랐다는 생각에 죄송한 마음과 이해해 드리고 싶은 마음이 들었다. 눈이 안보여도 재료를 손으로 만지며 좋다고 하는 모습에서 우리는 화려한 재료가 아니라도 그것을 즐길 수 있는 것도 미술치료라는 생각이 들었다. 소록도 노인미술치료를 하면서 우리는 이분들의 고통스러웠던 삶의 무게에 나비처럼 잠시 앉아 마음에 간직했던 색과 여러 꽃을 피울 수 있기를 바랐다.

우리는 모든 회기를 마치고 소록도를 떠나기 전날 저녁, 해변에 가서 모래 위에 미로 만다라를 만들어 여러 개의 초를 켜 두고 침묵 속에 미로 걷기 명상을 하였다. 미로 걷기 중에 신체의 상실, 가족의 상실, 관계의 상실과 삶을 송두리째 상실할 수 있는 소록도에서의 고통스런 생활에서도, 마음속의 기억과 아름다운 색들로 자신을 표현할 수 있는 노인들의 영토에서 우리가 오히려 치유받고 간다는 생각이 들었다. 우리는 미로 걷기 후에 어둠 속에서 파도

소리를 들으며 바닷바람과 모래의 따뜻함 속에서 웃기도 울기도 하며 이야기를 나누었다. 우리 모두는 한결같이 첫 만남에 한센병력 환자들을 두려워한 것에 미안한 마음이었다. 소록도 미술치료 봉사에서 우리의 공통적인 체험은 우리가 마치 소록도 주민이 된 것 같았고, 오랜 마음의 상처를 지닌 분들이, 고통의 역사가 온몸으로 드러난 분들이 이토록 아이처럼 맑을 수 있다는 것에 오히려 치유받은 느낌이었다.

미술로 세상과 소록도의 다리를 만들고, 미술로 서로의 마음의 문을 열고 창의적 활동을 함께하면서 우리는 미술치료의 힘을 느낄 수 있었고 미술치료사가 되려는 우리 자신이 뿌듯하게 느껴졌다. 내년에는 또 어떤 만남들로 이어질지 벌써 어르신들이 보고 싶고 소록도에 갈 날이 기다려진다.

노인미술치료 실제

노인미술치료 실제는 노인 대상 프로그램으로 필자가 노인 개인미술치료, 노인병동, 노인요양원, 노인복지관 등에서 실제로 적용한 것과 노인 관련 문헌들을 참고하여 수정 · 보완하여 정리한 것이다(정여주, 2001, 2003, 2014; Aissen-Crewett, 1989; Ganβ & Linde, 2004; Hett, 2002; Mann, Schröter & Wangerin, 1995; Menzen, 2001, 2004; Trüg & Kersten, 2002; Wadeson, 2000). 전체 프로그램은 노인의 신체적 · 감각적 · 심리적 · 사회적 관점에 근거하여 노인의 갈등, 장애, 병을 완화하거나 회복하기 위함이다. 노인의 삶 전체를 통합적으로 접근하기 위하여 주제, 기법, 매체, 치료 형태 등을 다양하게 고려하였다. 활동 내용은 평면활동과 입체활동을 소개하며, 다양한 매체를 적용하여 감각 및 운동감각, 근육운동, 자기표현을 활성화하도록 계획하였다. 또한 각 주제마다 노인환자의 작품을 소개하였다.

노인미술치료사는 다음의 프로그램을 그대로 적용하기보다 노인의 상황에 효율적으로 적용할 수 있는 치료사만의 창의성이 필요할 것이다. 중요한 것은 미술치료사의 노인에 대한 인식과 적절한 개입을 위한 태도다.

다음에 소개하는 노인미술치료 실제는 형태, 목표, 시간, 매체, 준비 및 주의사항, 활동, 변형의 순으로 제시한다. 프로그램은 변형 내용과 더불어 전체 100여 가지가 있다.

01 만다라 그리기

◉ 형태: 개인, 집단

◉ 목표:

- 긴장을 완화한다.

- 내적 조화와 심리적 안정을 얻는다.

- 집중력을 높인다.

- 소근육 운동기능을 강화한다.

- 색채감각과 형태감각을 활성화한다.

◉ 시간: 약 60분

◉ 매체: 문양(A4 크기) 각 4~6종류, 색연필, 사인펜, 마커, 명상 음악, 초, 성냥, 허브 향, 향 도구(상황에 따라 생략 가능)

◉ 준비 및 주의사항:

- 문양 종류를 준비할 때, 참가자들의 상황 혹은 증세를 고려 하여 고루 준비한다.

  (곡선문양과 직선문양, 식물문양과 동물문양, 자연풍경과 일상용 품 문양 등)

- 집단미술치료인 경우에는 참가자들이 같은 문양을 선택할 것을 고려하여, 한 문양을 여러 장 준비한다.

- 만다라를 그리기 위한 명상적 분위기를 마련한다.

(적당한 장소에 초를 켜 두거나 향을 피워 놓을 수 있음)

- 문 밖에는 외부인의 출입을 자제한다는 메모를 붙여 둔다.
- 전화 및 휴대전화 소리가 나지 않도록 한다.
- 테이블 위에 모든 매체를 준비해 둔다.

✳ 활동:

- 치료사와 참가자들은 서로 인사를 나누며 근황을 묻는다.
- 치료사는 원 형태에 대해 간단한 연상을 유도한다(보름달, 시계, 해, 꽃 등).
- 치료사는 완성된 만다라를 몇 작품 보여 준다(생략 가능).
- 만다라를 감상하고 느낌을 간단하게 이야기 나눌 수 있다.
- 채색 재료를 참가자들 앞에 펼쳐 둔다.
- 치료사는 명상음악으로 참가자에게 이완연습을 유도한다.
- 참가자는 눈을 감고 두 손을 아랫배에 대고 숨을 깊게 들이쉬었다가 내쉰다(2~3분 정도).
- 치료사는 준비한 만다라 문양을 차례로 펼쳐 놓는다.
- 참가자들은 눈을 뜨고 만다라 문양을 마음대로 고른다.
- 참가자는 선택한 문양에 색칠을 한다.
- 색칠은 안쪽 또는 바깥쪽에서 시작하며 흰 부분을 남겨 둘 수도 있다는 것을 알려 준다.
- 활동 중에 음악을 조용하게 틀어 둘 수 있다.
- 완성된 만다라 작품을 테이블 위나 벽에 붙여 두고 함께 감상하며 느낌을 나눈다. 이때 사용한 재료 및 도구들은 다른

곳으로 치운다.

- 참가자들은 자신의 만다라 작품에 제목, 날짜, 이름을 적는다.

- 종료 인사를 하며 다음 회기의 요일과 시간을 확인한다.

✳ 변형:

① 집단활동: 4명 혹은 6명이 한 조가 되어 2절지 정도의 종이에 큰 원을 그리고 그 안에 자유롭게 함께 그리기

② 수채화 만다라 그리기

③ 문양 만다라를 확대 복사하여(2절지 혹은 4절지) 함께 색칠하기

④ 둥근 스티로폼 표면에 한지를 붙여서 만다라 제작하기(모

빌로 이용 가능)

⑤ 다양한 크기의 원을 선택하여 그리기

⑥ 원에 좋아하는 한지나 천의 문양을 오려서 붙이기

⑦ 만다라 완성 후 뒷면에 식용유를 바르고 둥글게 오려 모빌
　　로 만들어 걸어 두기

02 곡물 만다라

✺ 형태: 개인, 집단

✺ 목표:

  – 긴장을 완화하며 심리적 안정을 얻는다.

  – 집중력을 높인다.

  – 회상을 통한 기억력을 향상시킨다.

  – 촉각 자극을 강화한다.

  – 손과 눈의 협응력을 높이며 소근육과 대근육 운동 기능을
    활성화한다.

✺ 시간: 60분 정도

✺ 매체: 지점토, 곡물(기장, 검은콩, 호박씨, 팥, 수수, 조 등), 작업
판(우드락이나 8절 켄트지), 이쑤시개, 가위, 플라스틱 접시(두
세 종류 크기), 접시(종류별 곡물을 담는 용도), 물수건, 카세트
플레이어, 조용한 음악(가사가 있는 음악은 삼갈 것)

✺ 준비 및 주의사항:

  – 곡물들을 각각의 접시(혹은 플라스틱 통)에 분류해 둔다.

  – 휠체어 사용자를 위해 자리 공간을 넉넉하게 배치한다.

  – 집단활동인 경우는 곡물을 두 군데 정도로 나누어 놓는다.

✦ 활동:

- 치료사와 참가자들은 서로 인사를 나누며 근황을 묻는다.
- 치료사는 본 회기활동을 간단히 소개한다.
- 도입 단계로 원이나 나선형 형태를 몸동작으로 표현한다.
- 참가자는 일어서서 서로 손을 잡고 원 형태를 만들어 움직이기를 두세 번 반복한다.
- 참가자는 중심을 향해 모였다가 다시 제자리로 돌아가는 동작을 시도한다.
- 참가자는 자리에 앉아 곡물을 보면서 서로 이야기를 나눈다.
- 참가자는 작업판에 지점토를 놓고 두드려서 평평하게 편다.
- 이쑤시개로 접시 가장자리를 찍어 가위나 이쑤시개로 원을 잘라 낸다(참가자의 기능에 따라 두드려 편 상태로 작업을 할 수도 있다).
- 원형 지점토는 자리에 두고 나머지 지점토는 비닐에 넣어 둔다.
- 원하는 곡물을 골라 원형 지점토에 붙여 구성한다.
- 이때 조용한 음악을 배경음악으로 들려 줄 수 있다.
- 작품이 완성되면 한 자리에 모아 두고 감상한 후에 서로 이야기를 나눈다.
- 자신의 작품에 제목을 붙여 본다(생략 가능).
- 종료 인사를 하며 다음 회기의 요일과 시간을 확인한다.

✹ 변형:

① 색 점토를 이용하여 만다라를 구성할 수 있다.

② 곡물 대신 마른 열매를 이용할 수 있다.

③ 액세서리 용품들을 곡물과 함께 구성할 수 있다.

④ 비즈와 인조 꽃으로 구성한다.

03 자화상

❀ 형태: 집단

❀ 목표:

- 자아존중감과 자신감을 높인다.
- 집중력과 창의력을 높인다.
- 촉각 자극을 강화한다.
- 손과 눈의 협응력을 높이며 소근육과 대근육 운동의 기능
  을 활성화한다.

❀ 시간: 60분

❀ 매체: 8절 켄트지, 색연필, 사인펜, 크레파스, CD와 카세트
  겸용 플레이어, 조용한 음악, 초, 성냥, 허브 향, 향 도구

❀ 준비 및 주의사항:

- 유아, 아동, 청소년, 성인, 노인의 사진을 준비하여 예로 보
  여 준다.
- 과거에 유행했던 복장, 머리 모양, 액세서리, 화장술 등이
  나타나 있는 사진을 준비한다.

❀ 활동:

- 치료사와 참가자들은 서로 인사를 나누며 근황을 묻는다.
- 치료사는 참가자들에게 자신의 얼굴을 만져 보게 한다.

- 참가자는 두 손으로 얼굴을 쓰다듬거나 가볍게 두드리거나
  이목구비를 만져 본다.
- 자신의 얼굴 중에서 가장 마음에 드는 부분을 이야기한다.
- 치료사는 주제가 자화상 그리기라는 것을 알려 준다.
- 참가자들은 현재나 과거의 자기 모습 혹은 자신이 원하는
  얼굴을 그린다(신체 전체를 그릴 수도 있음).
- 완성 후에 자화상들을 함께 감상하고 이야기를 나눈다.
- 작품을 한 곳에 전시하여 두고 다른 매체들을 정리한다.
- 종료 인사를 하며 다음 회기의 요일과 시간을 확인한다.

✹ 변형:

① 잡지에서 좋아하는 인물이나 자신이 아는 사람과 비슷한 인물을 오려서 붙인다.

② 가족의 얼굴을 생각하여 그린다.

③ 치료사가 사진이나 잡지에서 여성과 남성의 몸 전체 혹은 얼굴 윤곽만 오려 종이에 붙여 둔 것을 제시하면, 참가자는 그중에 한 장을 선택하여 나머지 부분을 완성한다.

④ ③의 사례에 배경이 되는 풍경, 실내, 실외 사진들을 선택하여 구성함으로써 상상력을 확대한다.

04 고향을 찾아서

⬢ 형태: 개인, 집단

⬢ 목표:

- 기억력을 활성화한다.

- 정서적 안정감을 얻는다.

- 소근육 운동을 활성화한다.

- 의사소통 능력을 발전시킨다.

- 지남력을 활성화한다.

⬢ 매체: 켄트지(8절), 크레파스, 색연필, 물감, 붓, 팔레트, 물통

⬢ 시간: 60~90분 정도

⬢ 준비 및 주의사항:

- 집단활동인 경우, 참가자들이 마주 앉을 수 있도록 테이블
  을 배치한다.

- 모든 매체를 테이블에 배열한다.

- 참가자들의 고향 풍경(도시, 어촌, 농촌) 사진들을 준비한다.

⬢ 활동:

- 치료사와 참가자들은 서로 인사를 나누며 근황을 묻는다.

- 치료사는 회기 주제에 대해 간단히 소개한다.

- 참가자들에게 고향 풍경 사진들을 보여 준다.

- 치료사는 참가자들이 고향을 회상하도록 유도한다.
  - 고향은 어디인가?
  - 고향 풍경은 어떠했는가?
  - 고향집은 어떠했으며, 어디에 있었는가?
  - 고향에서 기억나는 일들은 어떤 것인가?
  - 고향에서 얼마 동안 살았는가?
  - 고향을 생각하면 가장 떠오르는 곳이나 사람은?
- 참가자들은 고향에 대한 기억을 떠올리며 대화를 나눈다.
- 고향 회상 후에 고향에 대한 그림을 그린다.
- 작품 완성 후에 함께 감상하며 이야기를 나눈다.
- 뒷면에 작품 제목과 이름을 적어 둔다(제목 생략 가능).
- 작업한 매체들을 정리하고 종료 인사를 하며 다음 회기의

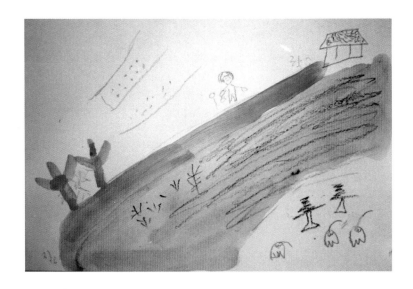

요일과 시간을 확인한다.

❀ 변형:

① 사진이나 잡지 등에 있는 풍경을 이용하여 콜라주 기법으로 고향을 표현한다.

② 고향에서의 잔치나 축제 등을 기억하여 콜라주로 표현한다.

05 사과 만들기

⊛ 형태: 개인, 집단

⊛ 목표:

- 대근육 운동과 소근육 운동을 활성화한다.

- 정서적 이완과 긴장을 완화한다.

- 자연과 일체감을 느낀다.

- 후각, 미각, 촉각의 기능을 활성화한다.

⊛ 매체: 사과(작고 빨간 사과), 사과 바구니, 점토(백토나 잡토
10kg: 10인 기준), 젖은 헝겊, 마른 수건, 플라스틱 접시나 통
(젖은 헝겊을 담는 용도), 분무기, 점토 자르는 철사, 신문지나
나무판자

⊛ 시간: 60~90분

⊛ 준비 및 주의사항:

- 사과를 참가자 수만큼 바구니에 담아 테이블 위에 둔다.

- 다른 매체들을 테이블 위에 정리하여 둔다.

⊛ 활동 1:

- 치료사와 참가자들은 서로 인사를 나누며 근황을 묻는다.

- 치료사는 본 회기의 주제와 활동에 대해 간단히 설명한다.

- 참가자는 각자 사과를 1개씩 골라 두 손으로 잡는다.

- 사과를 손으로 만지면서 촉감을 느껴보고 향기도 맡아 보고 빛깔도 살펴본다.
- 치료사는 사과가 참가자에게 오기까지의 과정을 연상할 수 있는 이야기를 유도한다.
- 참가자는 눈을 감고 두 손에 사과를 들고 치료사의 말을 따라가며 연상을 한다(눈을 감지 않고 이루어지기도 함).
- 눈을 떠서 다시 사과를 보고, 향기를 맡는다.
- 사과에 관련된 기억이나 에피소드를 간단하게 나눈다.

❋ 활동 2:
- 각자 사과 크기에 맞는 점토를 떼어 내어 자기 앞에 둔다.
- 점토를 들어서 치기, 주무르기, 굴리기, 뭉치기 등을 다양하게 시도한다.
- 점토의 특성을 경험한 후에, 점토로 1개의 공을 만든다.
- 완성한 공 형태를 변형하여 사과를 만든다.
- 사과의 꼭지와 잎을 만들어 붙일 수도 있다.
- 완성 후에 작품들을 모아 두고 감상하고, 사과를 먹으면서 대화를 나눈다.
- 종료 인사를 하며 다음 회기의 요일과 시간을 확인한다.

❋ 변형:
① 점토로 만든 사과를 말려서 다음 회기에 색과 니스를 칠한다.
② 다른 종류의 과일도 만들어 본다.

③ 2~3회기에 걸쳐 여러 과일을 만들어 색칠을 하여 쟁반에 구성하여 배치한다.

④ 점토 대신 지점토나 고무점토를 사용할 수 있다.

예

　봄이 되어 사과나무에 잎이 나고 하얀 사과 꽃이 피는 모습, 여름에 햇빛을 받으며 익어 가는 작은 녹색 사과, 가을이 되면서 붉은색을 띠며 굵어지는 사과와 사과의 향기를 연상한다. 농부는 봄부터 땀을 흘리며 사과 하나하나에 애정을 가지고 가꾸던 결실을 따내어 우리에게 보낸다. 그 오랜 시간을 거쳐 자라 온 사과가 지금 우리 손에 와 있다.

06 나의 손

❀ **형태**: 개인, 집단

❀ **목표**:

- 손을 통하여 자신의 삶을 회상한다.

- 자아와 일체감을 체험한다.

- 촉각 자극을 강화한다.

- 눈과 손의 협응력을 높인다.

- 감각운동력과 지남력을 활성화한다.

❀ **매체**: 켄트지(8절), 크레파스, 색연필, 파스텔

❀ **시간**: 50~60분

❀ **활동**:

- 치료사와 참가자들은 서로 인사를 나누며 근황을 묻는다.

- 참가자는 자신의 두 손을 만져 본다.

- 왼손, 오른손, 손등, 손바닥, 팔 위까지 쓰다듬는다.

- 두 손으로 자신의 얼굴을 감싸 안고 쓰다듬는다.

- 자신의 손이 하루 동안 한 일을 생각해 본다(예: 세수하기,
  옷 입기, 식사하기, 화분에 물 주기 등).

- 참가자들은 자신의 손이 잘할 수 있었던 것이나 잘하는 것
  에 대해 이야기를 나눈다(예: 음식하기, 바느질, 목공일, 조립,

연주하기, 그림 그리기, 뜨개질, 글씨 쓰기, 농사일 등)

- 각자 종이에 자신의 왼손을 놓고 오른손으로 왼손의 윤곽을 그린다(왼손잡이 경우는 반대로 그리기).
- 양손을 차례로 그릴 수도 있다.
- 그린 손을 색도 칠하고 마음껏 꾸민다.
- 꾸민 손을 감상하며 다시 이야기를 나눈 후, 작품을 원하는 공간에 붙인다.
- 종료 인사를 하며 다음 회기의 요일과 시간을 확인한다.

✿ 변형:

① 석고로 자신의 손을 만든 뒤 색칠하고 꾸민다.

② 왼손과 오른손을 그려서 손톱에 매니큐어를 바르거나 반지, 팔찌 등을 그려 넣는다.

③ 지점토나 고무찰흙을 평평하게 펴서 손을 찍어서 꾸민다.

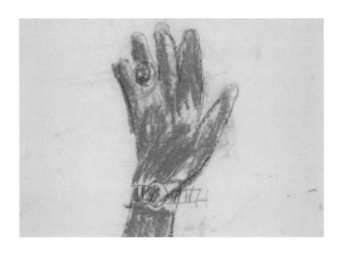

07 꽃밭 만들기

❀ 형태: 개인, 집단

❀ 목표:

- 참여와 공동체와 일체감을 느낀다.

- 소근육과 대근육 운동력을 높인다.

- 미적 표현력을 높인다.

- 성취감과 자신감을 갖는다.

- 자연과 일체감을 느낀다.

❀ 시간: 60~90분

❀ 매체: 우드락 혹은 스티로폼(50×50cm 정도), 자연물(마른/실
제 나뭇잎, 열매, 꽃, 이끼 등), 인조 꽃, 가지, 열매 등, 가위, 접
착제(본드), 플라스틱 접시(접착제 사용 용도), 점토, 재활용품,
연필이나 크레파스, 색종이, 나무젓가락, 풀

❀ 준비 및 주의사항:

- 3~4명 정도가 한 조가 되도록 테이블을 배정한다.

- 점토 대신 지점토를 사용할 수 있다.

- 큰 테이블에 미술매체들을 진열해 둔다.

❀ 활동:

- 치료사와 참가자들은 서로 인사를 나누며 근황을 묻는다.

- 치료사는 이번 회기의 주제에 대해 간단히 소개한다.
- 어린 시절 집이나 성인이 되어 살고 있는 집의 꽃밭 혹은 베란다 화분들을 기억하며 이야기를 나눈다(자신이 가꾸고 싶었던 꽃밭에 대해서 이야기를 나눌 수도 있다).
- 3~4명 정도가 한 조가 되어서 함께 꽃밭을 만들어 본다.
- 공동 꽃밭을 만들거나 개인 영역을 분할하여 자신만의 꽃밭을 만들 수 있다.
- 우드락 위에 점토로 땅을 만들거나, 점토 없이 바로 꽃밭을 만들 수 있다.
- 자연물이나 재활용품을 이용하여 꽃밭을 꾸민다.
- 완성 후 색종이에 이름을 써서 나무젓가락에 붙여 마음에 드는 자리에 꽂아 둔다.

- 완성 후에는 꽃밭을 감상하며 이야기를 나눈다.

- 완성품을 적절한 장소에 전시해 둔다.

- 종료 인사를 하며 다음 회기의 요일과 시간을 확인한다.

🌸 변형:

① 흙을 넣고 식물을 심은 화분에 자신의 이름을 적고 색칠한 팻말을 꽂아 가꾼다.

② 공동의 화분을 만들거나 실외에 나무를 심은 뒤 이름을 적고 색을 칠한 팻말을 꽂아 둔다.

③ 인조 꽃과 잎, 열매, 나뭇잎 등으로 꽃바구니를 구성한다.

08 결혼식

✺ **형태**: 개인, 집단

✺ **목표**:

- 회상을 통한 자아통합을 유도한다.

- 상호관계의 의미를 재인식한다.

- 시간, 공간감각을 활성화한다.

- 정서적 활기를 얻는다.

✺ **시간**: 50~60분

✺ **매체**: 켄트지(8절지), 크레파스, 색연필, 풀, 가위, 잡지

✺ **준비 및 주의사항**:

- 치료사는 노인들의 옛 시절에 유행했던 결혼사진들을 구해
  둔다.

- 신랑신부의 결혼예복이 있는 사진도 구해 둔다.

✺ **활동**:

- 치료사와 참가자들은 서로 인사를 나누며 근황을 묻는다.

- 치료사는 사진들을 보여 주며 참가자들과 결혼식에 대해
  서로 이야기를 나눈다.

- 과거 결혼식의 풍습, 혼례복, 혼례 장소, 혼례상, 하객 등에
  대해 이야기를 나눈다.

- 참가자들은 옛날 결혼식을 회상하며 자신 혹은 기억에 남는 결혼식 장면을 그리거나 콜라주로 표현한다.
- 완성 후에는 서로의 작품에 대해 이야기를 나눈다.

◉ 변형 :

① 혼례복을 기억하여 그리거나 한지 및 색종이로 만든다.

② 신혼에 사용했던 침구류를 그리거나 한지 및 색종이로 만든다.

③ 연애 시절에 즐겨 입었던 복장이나 찍었던 사진을 기억하여 그린다.

④ 결혼식 장면을 입체적 재료(신랑신부 목각인형, 아치형 모루, 꽃, 색종이나 반짝이 가루 등)를 사용하여 지점토나 우드락 위에 표현한다.

09 아끼는 물건

⚜ **형태**: 개인, 집단

⚜ **목표**:
- 자신과 환경과의 관계를 인식한다.
- 회상을 통한 자기정체감을 재인식한다.
- 창의적, 미적 감각을 높인다.
- 공동의 기억을 공유한다.

⚜ **시간**: 60분

⚜ **매체**: 켄트지(8절지나 4절지), 그림 도구

⚜ **준비 및 주의사항**:
- 치료사는 노인이 아꼈을 것 같은 소지품들을 실제나 사진으로 구해 온다.

⚜ **활동**:
- 치료사와 참가자들은 서로 인사를 나누며 근황을 묻는다.
- 참가자들은 자신이 아끼는 물건/소지품에 대해 이야기를 나눈다.
- 이야기가 끝나면 자신이 아끼는 물건/소지품들을 그림으로 그린다.
- 완성된 작품들을 감상한다.

- 활동 중에 떠올랐던 기억이나 느낌을 이야기 나눈다.
- 자신이 아끼는 것을 누구에겐가 주고 싶다면, 그 대상은 누구인지 이야기한다.
- 종료 인사를 하며 다음 회기의 요일과 시간을 확인한다.

✳ 변형:

① 아끼는 물건 혹은 소지품을 입체적으로 만든다.

② 아끼는 물건 혹은 소지품을 콜라주로 구성한다.

③ 아끼는 물건 혹은 소지품을 보관하는 상자나 함 같은 것을 그리거나 만든다.

10 상 차리기

🏵 **형태**: 개인, 집단

🏵 **목표**:

- 일상생활에 대한 감각을 유지하거나 활성화한다.

- 공간감각 및 구성력을 활성화한다.

- 집중력을 높인다.

🏵 **시간**: 60분

🏵 **매체**: 켄트지(8절지), 크레파스, 색연필

🏵 **준비 및 주의사항**:

- 계절 과일이나 참가자들이 좋아하는 간식을 준비한다.

🏵 **활동**:

- 치료사와 참가자들은 서로 인사를 나누며 근황을 묻는다.

- 참가자들은 좋아하는 음식, 즐겨 요리했던 것 등에 대해 이 야기를 나눈다.

- 참가자들은 즐겨 먹었던 음식을 그림으로 그린다.

- 상을 먼저 그린 후에 그 위에 음식을 그릴 수도 있다.

- 그림을 그린 후에 서로 이야기를 나눈다.

- 종료 인사를 하며 다음 회기의 요일과 시간을 확인한다.

❀ 변형:

① 지점토나 고무찰흙으로 상차림을 만든다. 반찬은 색종이
나 한지를 찢거나 접어서 사용할 수 있다.

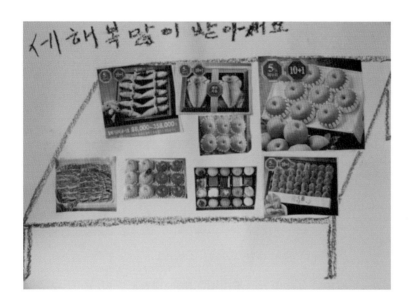

11 집단 만다라

❀ 형태: 집단

❀ 목표:

- 기억력과 손 숙련도를 높인다.

- 창의적, 미적 감각을 활성화한다.

- 정서적 이완과 편안함을 느낀다.

- 상호관계와 공동체 의식을 함양한다.

❀ 시간: 60~90분

❀ 매체: 켄트지 전지(4명당 1장), 색한지, 풀과 가위, 크레파스

❀ 준비 및 주의사항:

- 지름 80cm 정도의 원을 그려 피자 모양으로 8등분한다.

- 직선이나 곡선으로 등분할 수 있다.

- 대집단의 경우는 2개 조로 나눠 작업할 수 있다.

❀ 활동:

- 치료사와 참가자들은 서로 인사를 나누며 근황을 묻는다.

- 치료사는 활동에 대해서 간단히 설명한다.

- 참가자들이 협동하여 큰 원을 그린다.

- 참가자들이 원을 그리기 어려우면, 치료사가 사전에 원을 그려서 칸을 나눈 것을 제시할 수 있다.

- 참가자들은 원의 한 조각을 선택하여 가위로 잘라서 원하는 것을 그린다.
- 완성한 조각을 다시 큰 원이 되도록 맞추어 본다(작은 만다라를 그려서 함께 모으는 방법도 있다).
- 참가자들은 자신의 작업을 보면서 서로 이야기를 나눈다.
- 치료사는 참가자들이 무엇을 만들었는지, 만들면서 어떤 생각이 들었는지, 어떻게 보이는지, 제목을 붙인다면 어떻게 붙일 것인지에 대한 질문을 할 수 있다.
- 작품을 벽에 붙여 둘 수 있다.
- 종료 인사를 하며 다음 회기의 요일과 시간을 확인한다.

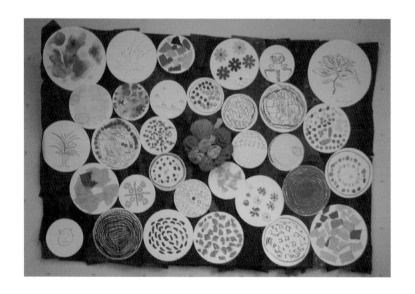

12 선물

◉ **형태**: 개인, 집단

◉ **목표**:

- 소망을 표현할 수 있는 기회를 갖는다.

- 정서적 상호관계를 함양한다.

- 자존감을 높인다.

- 회상을 통한 자기정체감을 재인식한다.

- 소근육 운동과 감각력을 활성화한다.

◉ **시간**: 60분

◉ **매체**: 점토, 분무기, 젖은 헝겊(2명에 1개 정도), 점토 자르는
철사, 플라스틱 판이나 나무판(1명에 1개 정도: 작품 보관용),
신문지

◉ **준비 및 주의사항**:

- 참가자 모두가 둘러앉을 수 있도록 자리를 배치한다.

◉ **활동**:

- 치료사와 참가자들은 서로 인사를 나누며 근황을 묻는다.

- 치료사는 선물에 대한 이야기를 유도한다.

- 살면서 받은 선물 중에 가장 기억나는 것을 생각해 본다.

- 어떤 선물인지, 누구에게 받은 것인지 기억한다.

- 선물을 주고 싶다면, 대상과 줄 선물을 생각한다.
- 선물에 대해 이야기를 나눈 후, 만들기를 시작한다.
- 첫 번째는 자신이 받은 선물 중에서 가장 기억나는 것을 점토로 만든다.
- 두 번째는 선물을 주고 싶은 대상을 위한 선물을 만든다.
- 선물이 완성되면 작품들을 감상하며 대화를 나눈다.
- 점토 작품을 적절한 곳에 말려 둔다.
- 자리를 정리하고 서로 종료 인사를 하며 다음 회기의 요일과 시간을 확인한다.

◉ 활동 시 주의점:
- 치료사는 접착용으로 쓰이는 걸쭉한 점토 반죽을 만드는 법을 참가자들에게 알려 준다. 혹은 치료사가 먼저 만들어 놓고 사용할 수 있도록 한다.

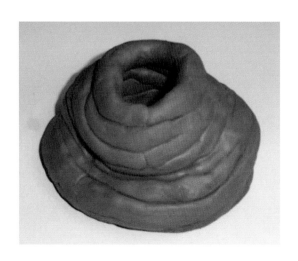

- 점토 작업 중에 물을 너무 많이 사용하는 것을 피하도록 설
  명해 준다.
- 치료사는 손 사용에 문제가 있는 참가자의 작업을 도와줄
  수 있다.

✸ 변형:
  ① 점토로 만드는 대신 종이에 그림을 그릴 수 있다.
  ② 지점토나 색 점토를 이용하여 만들 수 있다.
  ③ 한 주제만 선택하여 만들 수 있다.

13 물과 색의 만남

✴ 형태: 개인, 집단

✴ 목적:

- 정서적·신체적 이완을 돕는다.
- 집중력을 높인다.
- 내적 활기를 일깨운다.
- 소근육 운동과 운동성을 활성화한다.
- 색과 형태의 감각능력을 높인다.

✴ 시간: 60분

✴ 매체: 8절 켄트지, 포스터컬러, 물감, 팔레트 혹은 플라스틱 접시, 붓[12호나 더 큰 붓(페인트용 넓은 붓도 가능)], 스펀지, 스펀지를 놓을 그릇(플라스틱 쟁반도 가능), 물통, 신문지 혹은 테이블 전체를 덮을 두꺼운 비닐, 물이 담긴 큰 물통과 빈 물통, 화장지나 물걸레

✴ 준비 및 주의사항:

- 참가자는 자기 자리 앞에 신문지를 준비해 두거나 테이블 전체를 비닐로 덮는다.
- 매체들과 물을 담은 물통을 자기 자리 앞에 둔다.
- 여러 장의 그림을 놓을 수 있는 여분의 공간을 마련한다.

✹ 활동:

- 치료사와 참가자들은 서로 인사를 나누며 근황을 묻는다.
- 치료사는 이번 회기의 과제와 매체에 대해 설명한다.
- 치료사가 먼저 작업과정의 모범을 보인다.
- 각자 자기 앞에 신문지를 놓고 그 위에 화지를 놓는다.
- 삼원색(빨강, 파랑, 노랑)을 팔레트에 짜 둔다.
- 스펀지에 물을 적셔서 종이 전면에 골고루 바른다. 스펀지
  대신에 큰 붓에 물을 적셔 사용할 수 있다.
- 종이가 완전히 적셔지면, 뒤집어서도 물을 바른다.
- 붓을 물에 충분히 적신 후에 원하는 색을 붓에 묻혀 칠
  한다.
- 색이 퍼지면 다른 색을 묻혀서 색칠을 한다.
- 종이에 세 가지 정도의 색을 칠한다.
- 이와 같은 방법으로 여러 장을 그릴 수 있다.
- 완성 후에 작품들을 모아 감상을 하며 대화를 나눈다.
- 자기 작품에 제목과 자신의 이름을 적는다.
- 종료 인사를 하며 다음 회기의 요일과 시간을 확인한다.

✹ 변형:

① 손가락이나 스펀지에 물감을 묻혀 그릴 수 있다.
② 물감이 퍼진 곳을 입으로 불어 다른 모양을 낼 수 있다.

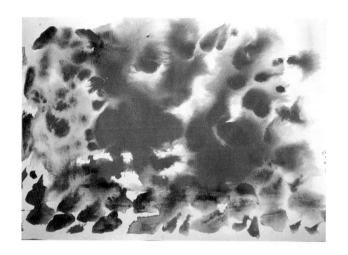

14 행복했던 시간들

🌸 **형태**: 개인, 집단

🌸 **목표**:

- 기억력을 활성화하여 현재 생활에 활기와 힘을 불어넣는다.
- 자아존중감과 자신감을 향상시킨다.
- 가족 및 대인관계와 생활환경과의 상호관계를 수용한다.

🌸 **시간**: 60~90분

🌸 **매체**: 켄트지(4절과 8절), 그림 도구(물감, 붓, 물통, 팔레트, 크레파스, 색연필), 콜라주 매체(잡지, 천, 실, 광고지, 색 한지, 색한지 끈, 꽃무늬 종이, 재활용품 등), 가위, 풀, 명상음악과 아로마향과 향 피우는 기구, 작은 종이 상자나 통

🌸 **준비 및 주의사항**:

- 치료사는 참가자들이 둘러앉을 수 있도록 테이블을 배치하고 매체를 테이블 위에 준비해 둔다.
- 허브 향을 피우고 조용한 음악을 틀어 둘 수 있다.
- 오려 둔 사진이나 그림을 담을 상자를 준비한다.
- 의식주 및 전통적인 것과 관련된 사진들이 있는 잡지도 준비한다.

✺ 활동:

- 치료사와 참가자들은 서로 인사를 나누며 근황을 묻는다.
- 치료사는 주제와 과정에 대해 간단히 설명한다.
- 참가자들은 편안한 자세를 취하고 눈을 감고 명상음악을 듣는다.
- 참가자들이 편안한 상태가 되면 치료사는 준비한 이야기를 천천히 들려 준다.
- 참가자들은 이야기를 그림으로 그리거나 콜라주로 구성한다.
- 참가자들은 작품 감상과 그에 대해 이야기를 나눈다.
- 종료 인사를 하며 다음 회기의 요일과 시간을 확인한다.

✴ 주의사항:

 – 참가자의 집중력에 따라 이야기를 질문과 대답 형식으로 끌어낼 수 있다.

 – 가위질에 어려움이 있는 참가자는 사진이나 그림 등을 찢어서 사용할 수 있다.

✴ 변형:

 ① 행복했던 기억을 그림이나 콜라주로 표현한 후에 느낌을 글로 쓸 수 있다.

 ② 행복했을 때 함께 있었던 인물을 콜라주나 그림으로 표현할 수 있다.

예

"오늘 여러분과 행복했던 시간으로 여행하려고 합니다. 먼저 눈을 감은 채로 숨을 깊이 들이마셨다가 내쉬어 봅시다. … 숨을 들이쉴 때는, 신선하고 기분 좋은 기운이 당신의 가슴속으로 함께 들어온다는 것을 믿으십시오. … 숨을 들이쉬고는 잠시 동안 숨을 정지하고 가만히 있어 봅니다. … 그 다음은 숨을 조금씩 내쉬면서 일상의 성가신 일이나 기분 나빴던 일들도 함께 다 내보내십시오. … 이렇게 들이쉬고 내쉬기를 몇 번 반복합니다.

편안하고 조용하게 숨을 쉴 때, 마음이 얼마나 평화로운지 느껴보십시오….

이제 당신은 구름 한 점 없는 파란 하늘에 있는 태양이, 당신에게 따뜻한 빛을 보내는 것을 느껴 보십시오. … 숨을 쉴 때마다 따뜻한 태양이 당신의 온몸을 부드럽게 감싸고 있는 것을 느낄 수 있습니다. … 몸이 따뜻해지고 기분은 점점 더 좋아집니다. … 이제 당신은 자신이 아주 행복했던 때를 기억할 수 있습니다. … 행복했던 그때는 언제였는지요? … 그때 당신은 혼자 있었습니까? 다른 사람과 함께 있었는지요?

그렇다면 그 사람들은 누구였나요? … 그곳은 어떤 상황이었습니까? … 당신은 그곳에서 무엇을 보았으며, 어떤 소리를 들었나요? … 당신은 그때 무엇을 하고 있었습니까? …

이제 당신은 우리가 있는 이곳으로 돌아옵니다. 그러나 당신의 행복했던 기억은 계속 간직하십시오. … 다시 한 번 숨을 크게 쉬고 몸을 펴서 팔을 쭉 뻗어 보고 눈을 뜹니다.

지금부터는 자신의 행복했던 기억을 되살려 그림을 그리든지, 사진이나 잡지나 여러 가지 매체들을 이용하여 종이에 붙여 봅니다."

15 나의 솜씨

⊛ 형태: 개인, 집단

⊛ 목표:

- 자신감과 정체감을 함양한다.

- 기억력을 활성화한다.

- 감각기능을 활성화한다.

- 창의성을 개발한다.

⊛ 시간: 60~90분

⊛ 매체: 점토 혹은 색 점토 및 지점토, 다양한 종류의 천, 실, 털실, 솜, 가는 철사, 재활용품 등, 색 한지, 색종이, 가위, 풀, 젖은 헝겊, 플라스틱 접시나 통(젖은 헝겊을 담는 용도), 분무기, 점토 자르는 철사, 마른 수건, 신문지나 나무판자

⊛ 준비 및 주의사항:

- 치료사는 매체들을 정리하여 테이블 위에 놓아 둔다.

- 참가자들이 마주보며 앉도록 테이블을 배치한다.

⊛ 활동:

- 치료사와 참가자들은 서로 인사를 나누며 근황을 묻는다.

- 치료사는 본 회기의 주제에 대해 간단히 소개한다.

- 치료사는 참가자에게 자신이 잘하는 것, 자신만의 솜씨에

대해서 이야기를 나누게 한다(예를 들어, 음식 만들기, 바느질, 수리, 농사일, 목공, 그리기, 노래, 춤추기 등).

- 잘하는 것이나 솜씨를 점토나 색 점토 및 지점토로 표현한다.
- 작업이 끝나면 작품을 전시한다.
- 작품이 잘 드러나도록 큰 종이를 바닥에 깔아 놓는다.
- 작품을 두고 서로의 솜씨에 대해서 이야기를 나눈다.
- 자신의 솜씨를 발휘했던 상황이나 선물로 주었던 사람들에 대해서도 이야기한다.
- 종료 인사를 하며 다음 회기의 요일과 시간을 확인한다.

◉ 주의사항:
- 지점토나 점토를 처음 사용하는 참가자가 있으면, 사전에 점토의 특성을 소개하여 거부감을 느끼지 않도록 도와준다.
- 매체 사용에 거부감을 나타내는 참가자가 있는 경우를 고려하여, 그림이나 콜라주 매체들을 준비해 둘 수 있다.

◉ 변형:
① 그림으로 표현할 수 있다.
② 이 주제를 시리즈로 계획하여 몇 주간 계속할 수 있다. 이 때는 실제 매체를 사용하여 자신의 솜씨를 표현할 수 있다.

16 명화 따라 그리기

❀ 형태: 개인, 집단

❀ 목표:

- 인지력과 연상활동을 향상시킨다.

- 성취감과 자신감을 높인다.

- 상호활동 역할을 의식한다.

- 소근육 운동을 강화한다.

❀ 시간: 90분

❀ 매체: 샘플 그림(2~4종류), 8절 혹은 4절 켄트지, 포스터컬러, 물감, 작은 붓, 큰 붓, 팔레트, 색연필, 크레파스

❀ 준비 및 주의사항:

- 명화 중에 풍경화나 정물화 2~4개 정도를 A4 크기로 컬러 복사한다.

- 명화는 단순하고 구체적 묘사가 있는 것을 선택한다.

- 어두운 색조가 많은 그림은 피하도록 한다.

- 투사지로 그림 윤곽을 스케치한 것을 몇 장 복사해 둔다.

❀ 활동:

- 치료사와 참가자들은 서로 인사를 나누며 근황을 묻는다.

- 참가자들은 명화를 감상한다.

- 각자 좋아하는 그림을 선택하여 따라 그린다. 밑그림이 있는 것을 선택할 수 있다.
- 색이나 형태를 변형하여 그릴 수 있다.
- 완성 후 모든 작품을 모아 두고 감상하며 대화를 나눈다.

✹ 변형:

① 집단 형태로 활동할 때는 전지를 사용하여 윤곽을 그린 후에 함께 그린다.

② 꽃이나 과일 주제의 그림을 선정하여 따라 그리게 한다.

③ 선택한 그림의 일부분을 복사하여 종이의 중앙에 붙이고 그것에 대한 연상을 확대하여 계속해서 그린다.

17 좋아하는 꽃

◉ 형태: 개인, 집단

◉ 목표:

　– 환경과 사물에 대한 민감성을 함양한다.

　– 자존감을 높인다.

　– 정서적 안정을 얻는다.

　– 창조력을 활성화한다.

　– 대근육 운동과 소근육 운동 기능을 활성화한다.

◉ 시간: 60~90분

◉ 매체: 작은 꽃바구니, 다양한 색의 주름 종이, 꽃꽂이 오아시스, 꽃꽂이용 철사, 가위/핑킹가위, 본드, 부직포나 인조 꽃과 꽃잎, 종이테이프, 플라스틱 접시

◉ 준비 및 주의사항:

　– 꽃바구니 사진을 도입에 제시하거나 실제 꽃바구니를 준비하여 향기와 색을 느낄 수 있게 한다.

◉ 활동:

　– 치료사와 참가자들은 서로 인사를 나누며 근황을 묻는다.

　– 참가자는 자신이 좋아하는 꽃을 말하며, 그와 관련된 기억들을 되살린다.

- 이야기를 나눈 후, 각자 좋아하는 꽃을 주름지를 이용하여 만든다.
- 치료사는 만드는 방법을 간단하게 설명하며, 예를 보여 준다.
- 꽃을 만들어 철사 꽃가지에 달고, 부직포나 주름지로 꽃잎을 만들어 붙인다.
- 인조 꽃과 꽃잎으로 장식을 할 수 있다.
- 완성품을 바구니에 담고 감상하며 이야기를 나눈다.

✽ 변형:

① 한지나 색종이를 이용하여 좋아하는 꽃이나 나무를 만든다.

② 색 점토를 이용하여 좋아하는 꽃이나 나무를 만든다.

③ 좋아하는 꽃을 그림으로 그린다.

18 우연한 발견

⊛ 형태: 개인, 집단

⊛ 목표:

- 상상력을 자극하고 융통성을 넓힌다.

- 성취감과 자신감을 함양한다.

- 창의적, 미적 감각을 향상한다.

- 기억력을 활성화한다.

⊛ 시간: 40~60분

⊛ 매체: 8절 켄트지, 포스트컬러나 물감, 물, 붓, 팔레트, 신문지, 물걸레나 화장지

⊛ 준비 및 주의사항:

- 참가자 앞에 신문지를 준비해 둔다.

⊛ 활동:

- 치료사와 참가자들은 서로 인사를 나누며 근황을 묻는다.

- 치료사는 본 회기의 활동 주제와 과정을 간단히 소개한다.

- 참가자는 삼원색과 자신이 원하는 색을 팔레트에 짜 둔다.

- 종이를 세로로 반을 접는다.

- 붓으로 색을 선택하여 접은 종이의 오른쪽 부분에 원하는 색들을 떨어뜨린다.

- 접은 대로 종이를 덮어 손으로 골고루 누른 후 펼친다.
- 이러한 작업을 몇 차례 계속한다.
- 작품들을 감상하며, 연상되는 형상을 말하고 제목을 붙인다.
- 종료 인사를 하며, 다음 회기의 요일과 시간을 확인한다.

✱ 변형:

① 종이 전체에 물감을 떨어뜨려 다른 종이로 찍어 낸다.

② 다양한 크기와 색상의 종이를 이용하여 작품을 만든다.

③ 작업한 것을 말린 후에 크레파스나 색연필로 자신이 원하는 그림을 그려 완성한다.

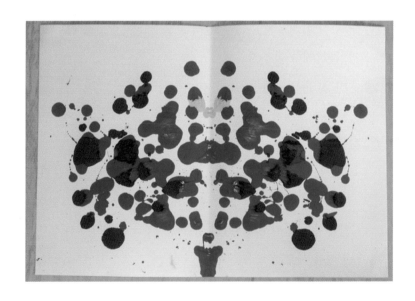

19 옛날의 기억

◉ 형태: 개인, 집단

◉ 목표:

- 기억력을 자극하고 향상한다.

- 자아정체감을 재인식한다.

- 내적 심상을 활성화하며, 심리적 균형을 얻는다.

- 삶의 경험을 공유하며 공동체 의식을 높인다.

◉ 시간: 40~60분

◉ 매체: 켄트지, 그림 도구

◉ 준비 및 주의사항:

- 참가자 모두가 마주보며 둘러앉도록 자리를 배치한다.

- 참가자들의 어린 시절 유행했던 것들이 있는 사진을 준비
  할 수 있다.

◉ 활동:

- 치료사와 참가자들은 서로 인사를 나누며 근황을 묻는다.

- 옛 시절에 떠오르는 일, 사건, 사람, 유행 등을 기억한다.

- 자신의 기억 중에 가장 크게 떠오르는 것 한 가지를 생각
  한다.

- 그때의 상황, 관련된 사람, 감정, 풍경, 상황, 색 등을 기억

하며 그림을 그리거나 사진을 붙여 구성한다.

- 완성된 작품을 감상하며 이야기를 나눈다.

- 기억 작품이 현재의 자신에게 어떤 의미를 가지는지 이야

기한다.

- 재료를 정리하고 다음 회기의 요일과 시간을 확인한다.

✸ 변형:

① 어릴 적 좋아했던 놀이를 그림으로 그린다.

② 자신의 첫 기억을 그림으로 그린다.

③ 가장 만나고 싶은 얼굴을 그린다.

20 명절 음식 만들기

🏵 **형태**: 집단

🏵 **목표**:

- 가족의 정서적 유대감과 소속감을 재확인한다.
- 자아존중감과 자신감을 향상한다.
- 소근육 운동과 감각기능을 활성화한다.
- 창의력과 미적 감각을 함양한다.
- 기억력을 활성화한다.

🏵 **시간**: 60분

🏵 **매체**: 밀가루, 식용색소(물감), 곡류(기장과 콩류), 플라스틱 쟁반, 작은 플라스틱 용기(반죽용), 젖은 수건

🏵 **준비 및 주의사항**:

- 간식용으로 송편과 떡을 준비하여 활동을 마친 후에 차와 함께 먹는다.
- 밀가루 반죽을 못하는 경우는 색 점토를 준비한다.

🏵 **활동**:

- 치료사와 참가자들은 서로 인사를 나누며 근황을 묻는다.
- 명절에 많이 만들었던 음식들에 대해 이야기를 나눈다.
- 송편, 떡, 과자 등의 명절 음식을 만든다.

- 각자 원하는 명절 음식을 생각하고 밀가루 반죽을 한다.
- 반죽 밀가루에 식용색소를 넣어 다양한 색의 밀가루 반죽을 만들어 놓는다(식용색소가 없으면 물감을 사용할 수 있다).
- 반죽한 밀가루로 즐겨 먹던 떡 종류를 만든다.
- 명절 음식을 함께 만들었거나 음식 만들기를 가르쳐 준 가족이나 친척을 기억하며 이야기를 나눈다.
- 완성한 후에는 접시에 담아 장식을 한다.
- 떡을 대접하고 싶은 대상에 대해 이야기를 나눈다.
- 이야기를 나누며 치료사가 준비한 떡을 나누어 먹는다.

❀ 변형:

① 꽃잎을 이용하여 화전을 만들 수 있다.
② 무지개떡 만들기를 한다.

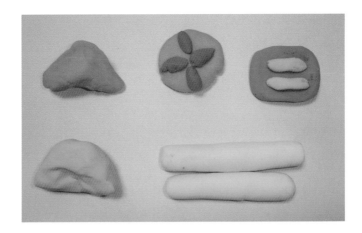

21 유산

⊛ 형태: 개인, 집단

⊛ 목표:

- 자신과 가족관계를 이해하고 수용한다.

- 가족과의 정서적 관계와 소망을 표현한다.

- 자신의 정체성을 재인식한다.

⊛ 시간: 60분

⊛ 매체: 4절 켄트지, 그림 도구

⊛ 준비 및 주의사항:

- 이 주제는 미술치료 중기나 후기에 실시하는 편이 좋다.

⊛ 활동:

- 치료사와 참가자들은 서로 인사를 나누며 근황을 묻는다.

- 유산의 의미에 대해 이야기를 나눈다.

- 참가자는 치료사의 제시에 따라 종이를 3등분하여 다음의
  내용을 그린다.

  • 부모에게 받은 유산

  • 받고 싶었던 유산

  • 자손에게 주고 싶은 유산

- 그림은 구체적 또는 상징적으로 그릴 수 있다.

- 그림으로 표현하는 대신 콜라주로 표현할 수 있다.

- 완성 후에는 서로 모여 자신의 경험을 이야기한다.

- 종료 인사를 하며 다음 회기의 요일과 시간을 확인한다.

✺ 변형:

① 유산 주제는 여러 회기로 나누어 실행할 수 있다.

② 유산품을 점토로 만들 수 있다.

22 탈 만들기

◉ 형태: 개인, 집단

◉ 목표:

  - 창의적 잠재력을 향상한다.

  - 역할의 다양성과 자신의 다른 면을 이해하고 수용한다.

  - 운동감각 능력을 활성화한다.

  - 정체감을 향상한다.

  - 갈등을 표출하여 정서적 정화를 경험한다.

◉ 시간: 60~90분

◉ 매체: 플라스틱 탈, 한지, 점토, 아크릴 물감, 팔레트, 붓, 물통, 가위, 풀, 천 조각, 실, 지끈, 신문지 등

◉ 준비 및 주의사항:

  - 참가자들이 둥글게 앉을 수 있도록 자리를 배치한다.

◉ 활동:

  - 치료사와 참가자들은 서로 인사를 나누며 근황을 묻는다.

  - 둘러앉은 상태에서 참가자 1명이 원하는 얼굴 표정을 짓고 옆 사람에게 보인다.

  - 옆 사람은 앞 사람이 보인 표정과 같은 표정을 짓는다.

  - 이와 같은 표정놀이를 참가자 전원이 차례대로 한다.

- 플라스틱 탈에 한지를 찢어서 붙인다.
- 한지를 여러 겹 붙여서 말린다.
- 한지가 어느 정도 마르면 아크릴 물감으로 자신이 원하는 얼굴을 그린다.
- 한지 대신 점토를 사용할 수 있다.
- 완성한 가면들을 모아 두고 감상하며 이야기를 나눈다.
- 회기를 정리하고 종료 인사를 하며 다음 회기의 요일과 시간을 확인한다.

❋ 변형:

① 쿠킹 호일을 여러 겹 겹쳐서 자신의 가면을 만든다.
② 풍선에 신문지를 붙여 말린 뒤 그것으로 탈을 만든다.

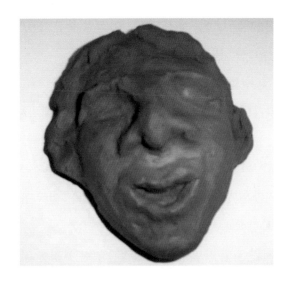

23 보고 싶은 얼굴

⊛ 형태: 집단

⊛ 목표:

- 기억력을 활성화한다.

- 내적 심상이나 소망을 표현한다.

- 집중력과 창의력을 높인다.

⊛ 시간: 50~60분

⊛ 매체: 8절 켄트지, 색연필, 사인펜, 크레파스

⊛ 준비 및 주의사항:

- 유아, 아동, 청소년, 성인, 노인의 사진을 준비하여 예로 보
  여 줄 수 있다.

⊛ 활동:

- 치료사와 참가자들은 서로 인사를 나누며 근황을 묻는다.

- 참가자들은 보고 싶은 사람에 대해 이야기를 나눈다.

- 가장 보고 싶은 사람을 그려 본다.

- 완성한 후에 그림들을 모아서 서로 감상하고 이야기를 나
  눈다.

- 치료사는 참가자의 그리움과 정이 담긴 정서를 활성화하는
  대화를 이끈다.

- 작품을 한 곳에 전시하여 두고 다른 매체들을 정리한다.
- 서로 인사를 하며 다음 회기의 요일과 시간을 확인한다.

◈ 변형:

① 사랑하는 사람의 모습을 그린다.

② 부모님의 얼굴을 그린다.

24 기억의 길목에서 I: 내 삶에 중요했던 존재

⊛ 형태: 개인, 집단

⊛ 목표:

- 기억력을 활성화하고 심리적 통합 기회를 가진다.

- 정서적 이완과 정화작용을 함양한다.

- 촉각을 활성화한다.

- 대근육 운동과 소근육 운동을 함양한다.

⊛ 시간: 60분

⊛ 매체: 점토, 도예 도구, 스펀지, 수건, 분무기, 우드락, 신문지

⊛ 준비 및 주의사항:

- 점토를 비닐에 싸서 건조되는 것을 막는다.

- 물수건, 마른 수건, 물을 담은 물통을 준비한다.

⊛ 활동:

- 치료사와 참가자들은 서로 인사를 나누며 근황을 물은 후, 기억을 주제로 이야기를 나눈다.

- 기억나는 중요한 사람, 동물, 일, 만남 등을 떠올린다.

- 적당량의 점토를 만지면서 떠오르는 기억들을 이야기한다.

- 점토를 주무르고 떼어내고 누르며 기억을 되살린 후에 자신의 기억에 중요한 의미를 지닌 것을 만든다.

- 구체적이거나 상징적인 대상을 만들 수 있다.
- 완성한 후에 우드락에 작품을 올려놓고 감상하며 대화를 나눈다.
- 도구들을 정리하고 종료 인사를 하며 다음 회기의 요일과 시간을 확인한다.

✱ 변형:

① 사랑하는 사람이 가장 좋아하는 것을 점토로 만든다.

25 **기억의 길목에서 II: 용서**

⊛ 형태: 개인, 집단

⊛ 목표:

- 억눌렸던 감정을 표출하며 정서적 해소를 한다.

- 용서와 화해의 감정을 표출하고 자신과 타인을 수용한다.

- 촉각을 활성화한다.

- 대근육 운동과 소근육 운동을 함양한다.

⊛ 시간: 60분

⊛ 매체: 점토, 도예 도구, 스펀지, 수건, 분무기, 우드락, 신문지

⊛ 준비 및 주의사항:

- 이 주제는 미술치료 초기보다 치료사와 참가자 간에 신뢰 관계가 잘 이루어진 후에 실행한다.

- 점토를 비닐에 싸서 빨리 건조되는 것을 막는다.

- 물수건과 마른 수건을 준비하고 세면대가 없으면 물통에 물을 준비한다.

⊛ 활동:

- 치료사와 참가자들은 서로 인사를 나누며 근황을 묻는다.

- 살면서 용서하거나 용서받아야 했던 상황을 기억한다.

- 용서 대상을 구체적으로 생각한다.

- 점토를 만지며 용서하고 싶은 사람 혹은 용서받고 싶은 사람을 기억한다.
- 용서 대상을 기억할 때 생기는 감정들을 점토로 표현한다.
- 감정의 흐름을 있는 대로 받아들이며 점토를 여러 형상으로 표현할 수 있다.
- 용서를 생각하며 무엇인가를 만들 수 있다.
- 완성된 작업을 거리를 두고 감상하며 서로 대화를 나눈다.
- 용서를 하거나 용서를 받은 작품을 완성한 후의 마음에 대해서 이야기를 나눈다.
- 도구들을 정리하고 종료 인사를 하며 다음 회기의 요일과 시간을 확인한다.

✺ 변형:

① 용서작업을 담아 둘 점토 항아리를 만들어 내용물을 넣어 일정한 자리에 두거나 야외에 묻는다.

26 기억의 천 조각들

❋ 형태: 개인, 집단

❋ 목표:

　- 감각기능을 활성화한다.

　- 정체성을 유지한다.

　- 생산성과 능동성을 함양한다.

　- 기억을 자주 하고 활성화한다.

❋ 시간: 50~60분

❋ 매체: 다양한 종류의 천(노인의 유년기에 많이 사용했던 천 종류),
한복 천, 실, 색실, 털실, 끈, 선물 끈, 한지 끈, 풀, 가위, 바늘 등

❋ 준비 및 주의사항:

　- 같은 종류의 천들을 일정한 크기로 잘라 두는 것이 좋다.

　- 실은 바구니에 담아 둔다.

❋ 활동:

　- 치료사와 참가자들은 서로 인사를 나누며 근황을 묻는다.

　- 치료사는 참가자들의 유년기에 자주 사용했거나 접했던 천
과 관련된 이야기를 유도한다.

　- 옷, 침구, 수예, 상보, 조각보, 명절 옷, 한복 등에 대한 기억
을 되살린다.

- 천과 관련된 당시의 감정, 상황, 장소나 장면을 기억하여 이야기를 나눈다.
- 제시된 재료를 이용하여 생각나는 것을 제작한다.
- 다양한 천으로 자르기와 붙이기를 한다.
- 완성된 것을 감상하며 대화를 나눈다.
- 정리하고 종료 인사를 하며 다음 회기의 요일과 시간을 확인한다.

◉ 변형:
① 이 주제를 2회기에 걸쳐 할 수 있다.
② 천을 잘라 집단 퀼트를 만든다.

27 부채 만들기

⊛ 형태: 개인, 집단

⊛ 목표:

- 감각운동 능력을 활성화한다.

- 창의적 잠재력을 활성화한다.

- 정서적 활기를 얻는다.

⊛ 시간: 50~60분

⊛ 매체: 부채(접는 부채와 종이나 플라스틱 부채 재료), 수채 물감, 아크릴 물감, 붓, 팔레트, 색 한지, 한지, 풀, 가위, 지끈

⊛ 준비 및 주의사항:

- 부채 재료는 완성품을 준비하지 않도록 하며, 너무 큰 부채는 피한다.

- 플라스틱 부채는 재활용품을 이용한다.

- 치료사는 다양한 종류의 부채를 준비할 수 있다.

⊛ 활동:

- 치료사와 참가자들은 서로 인사를 나누며 근황을 묻는다.

- 치료사는 다양한 부채를 보여 주고, 참가자는 부채를 만져 보기도 하고 부채질을 해 보기도 한다.

- 부채 만드는 재료를 보고 자신이 원하는 부채를 고른다.

- 접는 부채는 부채를 펴서 그 위에 바로 그림을 그리고 플라
  스틱 부채는 종이를 붙여 구성한 후에 그림을 그린다.
- 부채가 완성되면 모아 두고 감상을 하며 이야기를 나눈다.
- 이야기를 나눌 때 간식과 차를 함께 하는 것도 좋다.
- 정리하고 종료 인사를 하며 다음 회기의 요일과 시간을 확
  인한다.

28 상보 만들기

⚘ 형태: 개인, 집단

⚘ 목표:

- 기억력과 감각능력을 활성화한다.

- 과거를 회상하며 안정감과 즐거움을 얻는다.

- 창의적 잠재력을 함양한다.

- 집중력을 높인다.

⚘ 시간: 60분

⚘ 매체: 정사각형 켄트지(20×30cm 정도), 한지 색종이, 풀, 둥근 스티로폼

⚘ 준비 및 주의사항:

- 켄트지를 20~30cm 정도로 두 종류의 크기로 잘라 둔다.

⚘ 활동:

- 치료사와 참가자들은 서로 인사를 나누며 근황을 묻는다.

- 치료사는 이번 회기의 매체에 대한 이야기를 유도한다(천 으로 된 상보를 보여 줄 수 있다).

- 참여자들은 과거 상보를 사용하였던 경험에 대해 이야기를 나눈다.

- 각자 한지 색종이를 적당한 크기로 자른다.

- 완성 후에는 모아 두고 감상하며 경험한 이야기를 나눈다.

- 종료 인사를 하며 다음 회기의 요일과 시간을 확인한다.

※ 변형:

① 집단으로 상보를 만들 수 있다.

② 색 한지를 사용할 수 있다.

29 나의 집, 나의 공간

❂ 형태: 개인, 집단

❂ 목표:

- 기억력을 활성화한다.

- 자존감과 정체감을 함양한다.

- 공간감각 능력을 활성화한다.

❂ 시간: 50~60분

❂ 매체: 종이, 그림 도구

❂ 준비 및 주의사항:

- 별다른 주의사항이 없다.

❂ 활동:

- 치료사와 참가자들은 서로 인사를 나누며 근황을 묻는다.

- 참가자들은 자신이 살던 집을 회상한다.

- 가장 생각나는 집을 생각하고 그중에 가장 애착이 가는 공간을 생각한다.

- 자신에게 가장 애착이 가는 공간을 기억하며 그림으로 그린다.

- 선택한 공간에 있던 물건, 풍경, 그곳에 대한 느낌을 생각하며 그린다.

- 작업을 감상하며 선택한 공간과 관련된 이야기와 지금의
  느낌을 나눈다.

✻ 변형:

① 기억나는 공간을 입체적으로 표현한다.

② 참가자 전체가 기억나는 공간을 하나의 종이에 공동으로
  그린다.

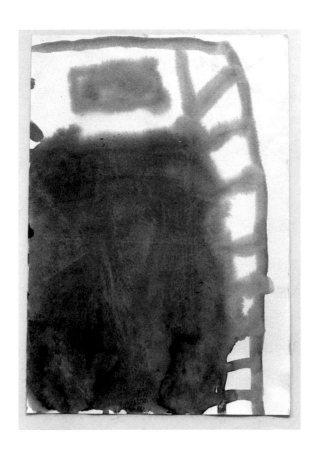

30 나의 나무

◉ 형태: 개인, 집단

◉ 목표:

  – 정체성을 재확인한다.

  – 신체적, 정신적, 심리적 균형을 함양한다.

  – 창의적 잠재력을 활성화한다.

◉ 시간: 40~60분

◉ 매체: 8절 켄트지, 그림 도구

◉ 준비 및 주의사항:

  – 나무에 대한 사진을 여러 장 준비한다.

◉ 활동:

  – 치료사와 참가자들은 서로 인사를 나누며 근황을 묻는다.

  – 눈을 감고 나무에 대한 명상을 한다.

  – 자신을 한 그루의 나무라고 상상할 때 떠오르는 나무를 마음 속으로 그려 본다.

  – 나무 모양, 나무 색, 나무가 있는 곳, 날씨, 계절 등을 상상한다.

  – 상상한 자신의 나무를 그린다.

  – 완성 후에 나무를 감상하고 이야기를 나눈다.

- 정리한 후에 종료 인사를 하며 다음 회기의 요일과 시간을
  확인한다.

❋ 변형:

① 사계절(봄, 여름, 가을, 겨울) 나무를 각각 그린다.

② 가장 인상 깊었던 나무를 그린다.

③ 좋아하는 나무를 그린다.

④ 자신이 소망하는 나무를 그린다.

⑤ 집단이 소망하는 나무를 함께 그린다.

31 자유로운 선 놀이

⚜ 형태: 개인, 집단

⚜ 목표:

- 창의적 활동에 대한 두려움을 완화한다.

- 경직성과 심리적 스트레스를 감소한다.

- 미술활동을 통한 즐거움을 경험한다.

⚜ 시간: 20분 정도

⚜ 매체: 연필, 색연필, 크레파스, 종이(켄트지 8절)

⚜ 준비 및 주의사항:

- 상황에 따라서는 활동 전에 종이를 테이블 위에 붙여 둔다.

- 초기에 참가자가 그림 그리는 것을 어려워하거나 치료 상황을 잘 신뢰하지 못하는 경우에 적용할 수 있다.

⚜ 활동:

- 치료사와 참가자들은 서로 인사를 나누며 근황을 묻는다.

- 참가자는 연필이나 크레파스를 들고 눈을 감고 종이에 자유롭게 선을 그린다.

- 1~2분간 선을 그린 후에 치료사의 지시에 따라 눈을 뜨고 그림을 감상한다.

- 선 그림에 떠오르는 형상이나 이미지가 있는지 살펴본다.

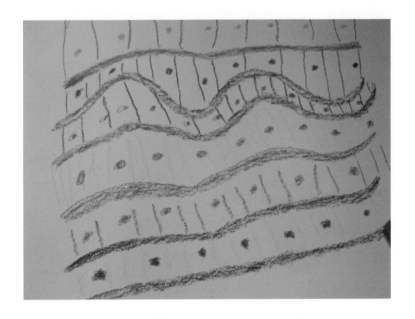

이때 종이를 상하좌우로 돌려 볼 수 있다.

– 이미지가 보이면 색연필이나 크레파스로 형태 선을 따라
그린 후에 칠을 한다.

– 발견한 이미지와 그림에 대해서 이야기를 나눈다.

✻ 변형:

① 눈을 감고 그린 선에서 발견한 이미지를 색칠한 후에 오려
서 다른 종이에 재구성을 하고, 배경을 색칠한다.

② 다양한 매체(사인펜, 색 볼펜, 파스넷, 콘테, 붓, 초 등)를 이용
하여 여러 장의 선 그림을 그리고 경험을 나눈다.

32 사계절 만다라

⚘ **형태**: 개인, 집단

⚘ **목표**:
- 인생의 순환과정을 수용한다.
- 창의성과 자신감을 경험한다.
- 미적 즐거움과 정서적 안정감을 경험한다.

⚘ **시간**: 60분 정도

⚘ **매체**: 입체 자료, 종이 접시, 가위, 천 조각, 풀, 켄트지(4절), 색연필, 크레파스, 물감, 붓, 팔레트, 물통

⚘ **준비 및 주의사항**:
- 치료사는 켄트지에 지름 25~30cm 정도의 원을 그려 놓거나 오려 둔다.

⚘ **활동**:
- 치료사와 참가자들은 서로 인사를 나누며 근황을 묻는다.
- 치료사는 참가자가 좋아하는 계절에 대해서 이야기 나눈다.
- 원형의 종이나 종이 접시 안에 사계절을 모두 표현한다.
- 영역 구분이나 순서, 매체 사용은 참가자가 스스로 결정한다.
- 사계절 만다라를 완성한 후에 함께 감상하며 이야기를 나눈다.

✺ 변형:

① 자연물이나 인조 식물들을 이용하여 둥근 스티로폼에 사
   계절을 입체적으로 표현한다.

② 인생의 사계절을 색으로 표현한다.

③ 인생의 사계절 가장 의미 있던 만남(사람, 일 등)들을 표현
   한다.

33 옷 만들기

❋ **형태**: 개인, 집단

❋ **목표**:

- 기억을 활성화한다.

- 소근육 운동을 활성화한다.

- 촉각과 시각기능의 감각력을 향상한다.

- 미적 즐거움과 창의성을 함양한다.

❋ **시간**: 60~90분

❋ **매체**: 색 한지 전지(일곱 가지 정도의 다양한 색), 가위, 풀, 색 켄트지 전지, 굵은 바늘과 실

❋ **준비 및 주의사항**:

- 색 한지를 다양한 크기로 잘라 둔다.

❋ **활동**:

- 치료사와 참가자들은 서로 인사를 나누며 근황을 묻는다.

- 옛날에 옷을 만들어 입거나 자녀들에게 옷을 만들어 주던 기억을 되살려 이야기를 나눈다.

- 한복과 한복의 속옷, 매듭단추, 색동 주머니에 대해서도 이야기를 나눈다.

- 만들고 싶은 옷을 계획하여 색 한지로 마름질을 한다.

- 뒤를 디자인하고 다 만들면 앞뒤를 풀로 붙인다.

- 마름질을 할 때 서로 의논하며 만든다.

- 완성한 것은 켄트지 위에 전시하거나 벽에 붙여두고 감상 하며 이야기를 나눈다.

❁ 변형:

① 소집단으로 옷을 한 벌씩 만들 수 있다.

② 천을 사용하여 만들 수 있다.

34 나에게 필요한 것

⊛ 형태: 개인, 집단

⊛ 목표:

- 자신의 욕구를 미적으로 표출할 수 있다.

- 자기 인식과 고찰의 기회를 갖는다.

⊛ 시간: 50~60분 정도

⊛ 매체: 켄트지(8절이나 4절), 풀, 가위, 잡지, 천, 실과 노끈, 다양한 색지, 한지 등

⊛ 준비 및 주의사항:

- 참가자의 신체 상황을 고려하여 치료사가 사진을 사전에 오려 올 수 있다.

⊛ 활동:

- 치료사와 참가자들은 서로 인사를 나누며 근황을 묻는다.

- 치료사는 계절, 날씨 등에 대하여 이야기하면서 참가자들에게 현재 필요한 것을 생각하게 한다.

- 현재의 삶에서 참가자 본인이 필요한 것을 그림으로 그리거나 콜라주로 표현한다.

- 완성한 후에 서로 감상하며 필요한 것에 대해 대화의 시간을 갖는다.

– 정리를 하고 다음 회기의 요일과 시간을 확인한다.

◉ 변형:

① 나에게 필요한 것을 점토로 만든다.

② 나에게 필요한 것을 세 가지로 한정하여 그리거나 만든다.

35 소망

⊛ **형태**: 개인, 집단

⊛ **목표**:

- 삶의 의지를 높인다.
- 자기인식과 고찰의 기회를 갖는다.
- 정서적 활력을 얻는다.
- 정체감을 향상한다.

⊛ **시간**: 60분 정도

⊛ **매체**: 종이, 크레파스, 색연필, 풀, 가위, 잡지, 다양한 입체 재료

⊛ **준비 및 주의사항**:

- 별다른 주의사항이 없다.

⊛ **활동**:

- 치료사와 참가자들은 서로 인사를 나누며 근황을 묻는다.
- 과거에 소망했던 것이나 현재에 소망하는 것을 미술로 표현한다.
- 주제에 대해 그림을 그리거나 입체적으로 자유롭게 표현한다.
- 작품이 완성되면 서로 이야기를 나눈다.

✱ 변형:

① 큰 종이에 가지가 많은 나무를 그려 두고 둥근 형태의 색
지에 소망을 적어서 모든 참가자가 나뭇가지에 붙인 뒤 대
화를 나눈다.

36 첫사랑

✿ 형태: 개인, 집단

✿ 목표:

- 기억력을 자극하고 활성화한다.

- 성적 정체성의 유지 및 회복을 돕는다.

- 심리적 활기를 회복한다.

✿ 시간: 60분

✿ 매체: 켄트지(4절, 8절), 그림 도구, 콜라주 재료(잡지, 옛 사진, 옛날 잡지나 영화 포스터, 한지, 꽃무늬 종이 등), 풀, 가위

✿ 준비 및 주의사항:

- 치료사는 사랑을 주제로 한 잘 알려진 사진이나 그림들을 모아 둔다.

✿ 활동:

- 치료사와 참가자들은 서로 인사를 나누며 근황을 묻는다.

- 치료사는 사랑을 주제로 잘 알려진 이야기를 유도한다(예: 성춘향과 이몽룡).

- 참가자들은 자신의 첫사랑이나 연애 시절을 회상한다.

- 연애 상대자의 모습을 그리거나 사진들을 이용하여 연애 시절 상대방을 연상하게 하는 장면이나 대상을 찾아서 종

이에 재구성한다.

- 사랑을 주제로 한 작품을 끝내면, 함께 감상하고 옛이야기를 나눈다.

✹ 변형:

① 사랑하고 싶은 대상을 찾아서 콜라주로 구성한다.

② 사랑했던 사람이 좋아했던 물건이나 연애 장소를 회상하여 그림으로 그린다.

③ 사랑했던 사람과 찍었던 사진의 장면을 기억하여 그리거나 콜라주로 작업한다.

37 사랑하는 사람과 떠나는 여행

✱ **형태**: 개인, 집단

✱ **목표**:

- 심리적 활기와 정서적 균형을 얻는다.
- 자발적 경험과 사회적 교류를 지속할 수 있는 경험을 갖는다.
- 자신을 개방하고 표현할 수 있는 기회를 갖는다.

✱ **시간**: 60분

✱ **매체**: 켄트지(4절, 8절), 풀, 가위, 콜라주 매체

✱ **준비 및 주의사항**:

- 콜라주 재료로 다양한 여행지가 있는 잡지, 교통매체(비행기, 배, 버스, 자동차 등의 사진), 옷, 가방, 여행 도구 등이 있는 사진을 준비한다.

✱ **활동**:

- 치료사와 참가자들은 서로 인사를 나누며 근황을 묻는다.
- 치료사는 여행지 사진들을 제시하면서 참가자들과 가 보았던 여행에 대해 이야기를 나눈다.
- 가고 싶은 여행지에 대해 서로 이야기를 한다.
- 사랑하는 사람과 함께 가고 싶은 여행지, 여행방법 등을 그

림으로 그리거나 콜라주로 표현한다.

– 작품이 완성되면, 사랑하는 사람과 가고 싶은 여행지에 대
해 서로 이야기를 나눈다.

❋ 변형:

① 기억에 남는 여행지 풍경을 그림으로 그린다.

② 기억에 남는 여행지를 콜라주로 표현한다.

38 집 만들기

🌸 **형태:** 개인, 집단

🌸 **목표:**

- 기억력을 활성화한다.

- 심리적 안정감을 얻는다.

- 일상의 방향감각과 공간감각을 활성화한다.

- 가정적, 사회적 관계를 유지한다.

🌸 **시간:** 120~180분(2~3회기에 걸쳐서 시도한다.)

🌸 **매체:** 우드락 혹은 나무판자(바닥용: 두께 2~3cm, 60×60cm), 우드락(벽, 지붕용: 두께 1~1.5cm, 50×60cm 정도) 4장 정도, 8절 켄트지, 한지, 공예 풀, 칼, 가위, 포스터컬러, 붓, 물통, 스펀지, 크레파스, 짚, 철사, 인조 꽃과 식물 등

🌸 **준비 및 주의사항:**

- 다양한 형태의 집 사진을 준비한다.

- 집짓기나 목공 일에 관련된 사진을 준비한다.

🌸 **활동:**

- 치료사와 참가자들은 서로 인사를 나누며 근황을 묻는다.

- 치료사는 집 사진들을 보여 주면서 주제를 제시한다.

- 각자 짓고 싶은 집을 스케치한다.

- 우드락 바탕에 집의 모형을 만든다.

- 우드락으로 문과 창문, 굴뚝, 정원 등을 만든다.

- 집의 부분들을 칠하거나 한지 등으로 붙여서 함께 조합하여 바닥에 붙인다.

- 색종이나 한지 등을 오려서 구성할 수 있다.

- 집을 완성한 후에 서로 감상하며 이야기를 나눈다.

✳ 변형:

① 방의 내부를 그리거나 입체적으로 설계하여 치장한다.

② 색종이를 오려서 작업한다.

39 나의 살던 고향은

✹ **형태**: 개인, 집단

✹ **목표**:

- 공간 개념과 운동감각 능력을 활성화한다.

- 기억력을 함양하고 정서적 활기를 찾는다.

- 정체성 확인과 심리적 안정을 얻는다.

- 공동체 의식을 함양한다.

✹ **시간**: 60~120분(2회기로 나누어 실시)

✹ **매체**: 고무찰흙(빨강, 노랑, 파랑, 녹색, 갈색 등), 스티로폼 판
(2~3cm 두께, 60×60cm), 짚, 나뭇가지, 이끼 등

✹ **준비 및 주의사항**:

- 고무찰흙은 큰 통에 들어 있는 것으로 준비한다.

- 집단활동에는 고무찰흙을 나누어 사용할 수 있는 플라스틱
  쟁반을 준비한다.

- 집단활동인 경우에는 스티로폼을 인원 수만큼 준비한다.

✹ **활동**:

- 치료사와 참가자들은 서로 인사를 나누며 근황을 묻는다.

- 자신이 살던 고향 동네에 대해 이야기를 나눈다.

- 각자 스티로폼에 자신이 살던 집을 고무찰흙으로 만들어

놓는다. 자신의 집을 중심으로 동네 이웃집, 길 혹은 기억
에 남는 건물, 나무 등을 만들어 구성한다.

- 자신이 좋아하는 고향 풍경을 마음대로 구성할 수도 있다.
- 완성한 후에 고향 동네와 함께 기억하는 이웃, 일, 사람들
에 대해 이야기를 나눈다.

◉ 변형:

① 고향 동네를 실제 재료를 사용하여 만들 수 있다.

② 옛 사진들을 이용한 콜라주 작업도 가능하다.

40 색 소금 꽃병과 꽃꽂이

❀ **형태**: 개인, 집단

❀ **목표**:

- 감각운동을 활성화한다.

- 집중력을 높인다.

- 색채 감각을 활성화한다.

- 창의적 사고를 함양한다.

❀ **시간**: 40~60분

❀ **매체**: 소금, 대야 혹은 플라스틱 통(대: 1개, 소: 5개), 파스텔 가루(황토색, 빨강, 노랑, 파랑, 녹색 정도), 플라스틱 스푼(10개 정도), 투명 플라스틱 컵 혹은 병(1인 2개 정도), 인조 꽃, 가위, 휴지

❀ **준비 및 주의사항**:

- 꽃은 길이가 너무 길지 않은 것으로 다양하게 준비한다.

- 치료사는 파스텔 가루를 네 가지 색 정도 미리 만들어서 용기에 담아 둔다.

- 투명 컵이나 병은 재활용품을 이용하며, 잘 씻어서 준비한다.

- 큰 대야에 소금을 담아 둔다.

- 파스텔 가루 대신에 식용색소를 이용할 수 있다.

✹ 활동:

- 치료사와 참가자들은 서로 인사를 나누며 근황을 묻는다.

- 치료사는 재료와 주제를 소개한다.

- 참가자들은 큰 대야의 소금을 작은 대야에 적절하게 분배
  한다.

- 각 대야의 소금에 파스텔 가루를 한 가지 색씩 섞는다. 다
  섯 종류 정도의 색 소금을 만든다.

- 각자 자신의 컵이나 병에 좋아하는 색 소금을 넣는다. 이때
  하나의 병에 여러 색을 차례로 넣을 수도 있다.

- 컵 또는 병의 2/3 정도에 색 소금을 채우고 자신이 좋아하는 꽃을 골라 꽃꽂이를 한다.
- 완성한 후에는 나머지 재료들을 치우고 전시를 하며 함께 감상한다.

❂ 변형:

① 소금 대신 작은 흰색 인조 돌이나 색 모래, 밀가루를 사용할 수 있다.

② 꽃 대신 수수깡으로 만든 작품들을 꽂아 둘 수 있다.

41 불기 그림

❋ 형태: 개인, 집단

❋ 목표:

 – 소근육 운동을 향상한다.

 – 색채 및 형태 감각을 향상한다.

 – 자기표현력을 높인다.

 – 집중력과 정서적 이완을 돕는다.

❋ 시간: 40~60분

❋ 매체: 켄트지(16절지, 8절지), 물감, 팔레트, 붓, 빨대, 사인펜,
크레파스, 물, 물통, 스펀지

❋ 준비 및 주의사항:

 – 빨대는 짧고 지름이 굵은 것을 준비한다.

 – 팔레트 대신 작은 플라스틱 접시를 사용할 수 있다.

❋ 활동:

 – 치료사와 참가자들은 서로 인사를 나누며 근황을 묻는다.

 – 치료사는 재료와 주제를 소개한다.

 – 삼원색과 녹색을 팔레트에 짜 둔다.

 – 붓에 물을 조금 적셔서 한 색을 선택하여 종이에 몇 방울만
떨어뜨린다. 손으로 붓을 짜서 색을 떨어뜨릴 수도 있다.

- 종이에 떨어트린 물감을 빨대로 불어 퍼지게 한다. 이때 본
  인이 원하는 방향으로 분다.
- 이와 같은 방법으로 다른 색들을 사용하여 꾸민다.
- 물감 불기를 한 후에 크레파스나 사인펜으로 윤곽을 더 그
  려 넣거나 떠오르는 형상대로 다시 꾸밀 수 있다.
- 완성한 후에 그림들을 모아서 함께 감상하며 이야기를 나
  눈다.

✱ 변형:

① 몇 가지 색을 이용하여 창의적으로 변형한다.

② 흰 종이 대신 색 켄트지를 이용할 수 있다.

③ 빨대의 길이를 다양하게 이용할 수 있다.

④ 소집단으로 순서를 바꿔 가며 함께 작업한다.

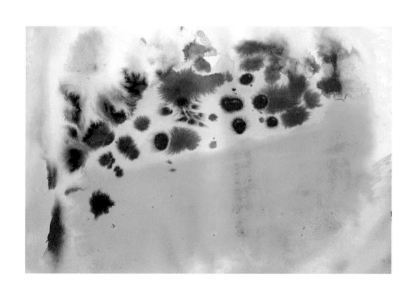

42 색종이 만다라

⊛ 형태: 개인, 집단

⊛ 목표:

- 소근육 운동과 손과 눈의 협응을 강화한다.

- 창의적 활동을 즐긴다.

- 시각, 촉각의 감각력을 높인다.

- 집중력과 안정감을 경험한다.

- 성취감과 자신감을 높인다.

⊛ 시간: 60분

⊛ 매체: 색종이(개인당 10장, 양면 색종이), 흰색 켄트지(4절지), 색 켄트지(다양한 색, 4절), 가위, 풀

⊛ 준비 및 주의사항:

- 색종이 조각들을 담을 수 있는 휴지통을 준비한다.

- 집단에서는 탁자를 붙여서 서로 마주보며 앉는다.

- 각자 1개의 가위를 갖도록 한다.

⊛ 활동:

- 치료사와 참가자들은 서로 인사를 나누며 근황을 묻는다.

- 치료사는 색종이 오리기로 문양 만드는 것을 소개한다.

- 치료사는 색종이를 접어서 오린 샘플을 보여 주며, 색종이

접는 순서를 천천히 보여 준다.

- 색종이를 2~4회 접어서 다양한 모양으로 오린다.

- 오리기가 끝나면 색종이를 펴 본다.

- 여러 색종이 문양을 만들어 흰색 켄트지나 색 켄트지에 마음대로 구성한다.

- 집단원 전체와 함께 감상하며 경험한 것을 이야기한다.

◎ 변형:

① 색종이 만다라 여러 개로 큰 만다라를 만든다.

참고문헌

국립현대미술관(2017). 치매환자와 가족을 위한 미술관교육. 서울: 국립현대
　　미술관.

권석만, 민병배(2002). 노년기 정신장애. 서울: 학지사.

김상윤(2016). 노화에 따른 신경인지기능의 변화. 대한노인병학회 저, 노
　　인병학(3판)(pp. 557-562). 서울: 범문에듀케이션.

김정혜 외(2001). 노인건강 이론과 실제. 서울: 정담.

김효명(2016). 시각기능의 변화. 대한노인병학회 저, 노인병학(3판)(pp.
　　673-686). 서울: 범문에듀케이션.

대한가정의학회(2010). 최신가정의학 1권. 서울: 도서출판 한국의학.

대한노인병학회(2010). 노인병학(개정판). 서울: 도서출판 의학출판사.

대한노인병학회(2016). 노인병학(3판). 서울: 범문에듀케이션.

서국희(2016). 알츠하이머형 치매. 대한노인병학회 저, 노인병학(3판)(pp.
　　563-571). 서울: 범문에듀케이션.

석승한(2016). 뇌혈관질환. 대한노인병학회 저, 노인병학(3판)(pp. 609-
　　633). 서울: 범문에듀케이션.

석승한, 이용석(2010). 뇌졸중. 대한노인병학회 저, 노인병학(개정판)(pp.

582-608). 서울: 도서출판 의학출판사.

송미순, 하양숙(1998). 노인간호학. 서울: 서울대학교 출판부.

양광희 외(2001). 노인건강관리의 실제와 전망. 서울: 수문사.

연병길(1996). 노인치매의 원인 및 치료. 한국노인문제연구소 편, 노인치매의 현황과 과제(pp. 24-64). 서울: 동인.

유순집(2010). 노인 비만과 대사증후군. 대한노인병학회 저, 노인병학(개정판)(pp. 804-819). 서울: 도서출판 의학출판사.

윤진(2001). 성인 노인심리학. 서울: 중앙적성출판사.

이민수(2010). 우울증. 대한노인병학회 저, 노인병학(개정판)(pp. 934-946). 서울: 도서출판 의학출판사.

이민수(2016). 우울증. 대한노인병학회 저, 노인병학(3판)(pp. 595-607). 서울: 범문에듀케이션.

이원택, 박경아(2008). 의학신경해부학(2판). 서울: 고려의학.

정여주(2001). 만다라와 미술치료. 서울: 학지사.

정여주(2003). 노인미술치료의 이론과 실제. 대교교육정보연구소 제1회 노인미술 치료 Workshop. 서울: 대교/연구센터.

정여주(2005). 노인미술치료 프로그램개발을 위한 기초연구. 한국노년학회, Vol. 25, No. 1, 73-86.

정여주(2014). 미술치료의 이해(2판). 서울: 학지사.

정지향(2016). 혈관성 치매. 대한노인병학회 저, 노인병학(3판)(pp. 573-577). 서울: 범문에듀케이션.

통계청(2005). 장래인구특별추계.

통계청 (2017). 2017 고령자 통계.

한국노인문제연구소(1996). 노인치매의 현황과 과제. 서울: 동인.

한설희(2010). 노화에 따른 뇌, 신경계의 변화. 대한노인병학회 저, 노인병학(개정판)(pp. 550-559). 서울: 도서출판 의학출판사.

한정란(2005). 노인교육의 이해. 서울: 학지사.

행정자치부(2015). 2015 주민등록 인구통계.

허재택(1998). 뇌혈관 질환. 부산: 동아대학교 출판부.

Aissen-Crewett, M. (1989). *Ästhetische Erziehung für Behinderte.* Dortmund: modernes lernen.

Albrecht, N. (1987). *Senioren-Ratgeber.* Köln: Kiepenheuer & Witsch.

American Psychiatric Association(APA)(1994). 정신장애의 진단 및 통계 편람 제4판(*Diagnostic and Statistical Manual of Mental Disorders Fourth Edition*). (대표 역자 이근후). 서울: 하나의학사.

American Psychiatric Association(APA)(2013, 2016). 정신질환의 진단 및 통계 편람 제5판(*Diagnostic and Statistical Manual of Mental Disorders Fifth Edition*). (대표 역자 권준수). 서울: 학지사.

Atchley, R. C. (1989). Continuity theory of normal aging. *Gerontologist, 29,* 183-190.

Ayres, J. (1979). *Lernstörungen.* Berlin: Springer Verlag.

Ayres, J. (1984). *Bausteine der kindlichen Entwicklung.* Berlin: Springer Verlag.

Bachmann, H. I. (1993). *Malen als Lebensspur.* Stuttgart: Klett-Cotta.

Baltes, P. (1987). Theoretical propositions of life-span developmental psychology: On the dynamics between growth and decline. *Developmental Psychology, 23*(5), 611-626.

Baltes, P. B., & Baltes, M. M. (1989). Optimierung durch Selektion und Kompensation. Ein Psychologisches Modellerfolgreichen Alterns. *Zeitschrift Pädagogik, 35,* 85-105.

Baltes, P. B., & Baltes, M. M. (1990). Psychological perspectives on successful aging: The model of selective optimization with compensation. In. P. B. Baltes, & M. M.Baltes (Eds.), *Successful aging: Perspectives from the behavioral sciences* (pp. 1-34). New York: Cambridge University Press.

Baltes, P. B., & Heydens-Gahir, H. A.(2003). Reduction of Work-Family Conflict Through the Use of Selection, Optimization, and Compensation Behaviors. *Journal of Applied Psychology, Vol.*

88. No. 6. 1005-1018.

Baltes, P. B., & Mittelstraβ, J. (1992). *Zukunft des Alterns und gesellschaftliche Entwicklung*. Berlin: De Gruyter.

Beauvoir, S. de. (1989). *Das Alter*. Hamburg: Rowohlt Verlag.

Bianchi, E. C. (1993). *Mit den Jahren gehen*. Frankfurt am Main: Fischer Verlag.

Bloch, S. (1982). *Kunst-Therapie mit Kindern*. München: Reinhardt.

BMFSFJ(Bundesministerium für Familie, Senioren, Frauen und Jugend) (Hrsg.)(2001). Dritter Bericht zur Lage der älteren Generation. Stellungnahme der Bundesregierung. Bericht der Sachverständigenkommision. MuK, Berlin.

Bollnow, O. F. (1966). *Krise und neuer Anfang*. Heidelberg: Quelle und Meyer.

Brodbeck, K. H. (1995). *Entscheidung zur Kreativität*. Darmstadt: Wiss. Buchges.

Brüggebors, G. (1992). Einführung in die Holistische Sensorische Integration (HSI) Teil 1: Sensorische Integration (SI) und holistische Evaluation. Dortmund: borgmann publishing.

Brüggebors, G. (1994). Einführung in die Holistische Sensorische Integration (HSI) Teil 2: Von der HSI zur Holistischen Sensorischen Balance (HSB). Dortmund:borgmann publishing.

Capra, F. (1982/1995). 새로운 科學과 文明의 轉換(*The Turning Point*). (이성범, 구윤서 공역). 서울: (주)범양사출판부.

Carlson, N. R. (2003). 생리심리학의 기초. (김현택, 조선영, 박순권 공역). 서울: 시그마프레스.

Cicero, M. T. (2002). 노년에 관하여(*De Senectute*). (오흥식 역). 서울: 궁리.

Chatterjee, A., Chancellor, B., & Duncan, A. (2014). Art therapy for alzheimer's disease and other dementias. *Journal of Alzheimer's Disease*, 39, 1-11.

Chung, Y. J. (1995). *Musische Aktivitäten älterer Menschen in Korea und Deutschland*. Dissertation der Universität zu Köln.

Cohen, G. D., Perlstein, S., Chapline, J., Kelly, J., Firth, K. M., & Simmens, S. (2006). The impact of professionally conducted cultural programs on the physical health, mental health, and social functioning of older adults. *The Gerontologist, 46*(6), 726-734.

Cossio, A. (2002). Art therapy in the treatment of chronic invalidating conditions: from Parktin's disease to Alzheimer's. In D. Waller (Ed.), *Arts Therapies and Progressive Illness* (pp. 47-55). New York: Brunner-Routledge.

Cowgill, D. O., & Holmes, L. D. (1972). Aging and modernization. New York: Appleton-Century-Crafts.

Csikszentmihalyi, M. (1996/2003). 창의성의 즐거움(*Creativity: Flow and the psychology of discovery and invention*). (노혜숙 역). 서울: 북로드.

Cumming, E., & Henry, W. E. (1961). *Growing old, the process of disengagement*. New York: Basic Books Inc.

Dahlberg, C. C., & Jaffe, J. (1977). *Stroke*. New York: W. W. Norton and Co.

Dommer, W. (1990). *Kunsttherapie und Beschäftigungstherapie*. Köln: Maternus.

Doric-Henry, L. (1997). Potery as art therapy with elderly nursing home residents. *Art Therapy: Journal of the American Art Therapy Association, 14*(3), 163-171.

Erikson, E. H. (1982). *The life cycle completed: A review*. New York: W.W. Norton & Company.

Erikson, E. H. (1988). *Der vollständige Lebenszyklus*. Frankfurt am Main: Suhrkamp Taschenbuch Wissenschaft.

Erikson, E. H. (1992). *Einsicht und Verantwortung*. Frankfurt am

Main: Fischer Taschenbuch.

Erikson, E. H. (1959/1993) *Identität und Lebenszyklus*. Frankfurt am Main: Shurkamp/Identity and the Life Cycle. New York: International Universities.

Erikson, E. H., Erikson, J. M., & Kivnick, H. Q. (1986). *Vital involvement in old age: The experience of old age in our time*. New York, NY: W. W. Norton.

Falk, B. (2002). A narrowed sense of space: an art therapy group with young Alzheimer's sufferers. In D. Waller (Ed.), *Arts Therapies and Progressive Illness* (pp. 107-121). New York: Brunner-Routledge.

Frankl, V. (1985). *Der Mensch vor der Frage nach dem Sinn*. München: Piper.

Freidan, B. (1993). *The Fountain of age*. New York: Simon & Schuster.

Ganβ, M., & Linde, M. (Hrsg.)(2004). *Kunsttherapie mit demenzkranken Menschen*. Frankfurt am Main: Mabuse-Verlag.

Gardner, H. (1976). *The Shattered Mind*. New York: Random House.

Gardner, H. (1999). *Intelligence reframed: Multiple intelligences for the 21st century*. New York: Basic Books.

Gibson, G. L. (1994). Make art therapy a reality for the home-bound. *Journal of Long-Term Home Health Care, 13*(3), 43-47.

Glaser, H., & Röbke, Th. (Hrsg.)(1992). *Dem Alter einen Sinn geben*. Heidelberg: Hüthig.

Gombrich, F. H. (1960/2003). 예술과 환영(*Art and Illusion*). (차미례 역). 서울: 열화당.

Guilford, J. P. (1950). Creativity. *American Psychologist, Vol. 5*(9), 444-454.

Harrison, C. J. (1980). Therapeutic art programms around the world: Creative arts for older people in the community. *American Journal of Art Therapy, 1980, 19*, 99-100.

Havighurst, R. F. (1963). Successful aging. In C. Tibbits & W. Donahue (Eds.), *Processes of aging* (pp. 299−320). New York: Williams.

Havighurst, R. J. (1972). *Developmental tasks and education*. New York: McKay.

Henley, D. (1986). Approaching artistic sublimation in low functioning individuals. *Art Therapy: Journal of the American Art Therapy Association, 4*(2), 67−73.

Hett, A. (2002). "Warum wollen Sie mit arbeiten? Ich bin alt und nicht mehr kreativ, war es nie." Kunsttherpeutische Arbeit auf einer Pflegestation. In E. Nölke & M. Willis (Hrsg.), *Klientenzentrierte Kunsttherapie in institutionalisierten Praxisfeldern* (pp. 115−131). Bern: Verlag Hans Huber.

Karl, F., & Tokarski, W. (1992). *Bildung und Freizeit im Alter*. Bern: Huber.

Kast, V. (1999). *Der schöpferische Sprung*. München: Deutscher Taschenbuch Verlag.

Kluge, N. (Hrsg.) (1973). *Vom Geist musischer Erziehung*. Darmstadt: Wissenschaftlieche Buchgesellschaft.

Kohli, M. (1992). Altern in soziologischer Perspektive. In Baltes, P. B., & Mittelstraβ, J. (Hrsg.), *Zukunft der Alterns und gesellschaftliche Entwicklung* (pp. 231−259). Berlin: De Gruyter.

Kruse, A. (1992). Alter in Lebenslauf. In P. B. Baltes, & J. Mittelstraβ (Hsrg.), *Zukunft des Alterns und gesellschaftliche Entwicklung*. (pp. 331−355). Berlin: De Gruyter.

Lehr, U. (1991). *Psychologie des Alterns*. Heidelberg: Quelle & Meyer.

Lehr, U., & Thomae, H. (Hrsg.) (1987). *Formen seelischen Alterns*. Stuttgart: Enke Verlag.

Linde, M. (2004). Kunsttherapie mit dementiell Erkrankten. In M. Gan β, & M. Linde (Hrsg.), *Kunsttherapie mit demenzkranken*

Menschen (pp. 13-29). Frankfurt am Main: Mabuse-Verlag.

Longino, C., & Kart, C. S. (1982). Explicating activity theory: a formal replication. *J. Gerontol*, 37, 713-722.

Mann, C. H., Schröter, E., & Wangerin, W. (1995). *Selbsterfahrung durch Kunst*. Weinheim: Beltz.

Maslow, A. H. (1991). *Motivation und Persönlichkeit*. Hamburg: Rowohlt.

Matussek, P. (1974). *Kreativität als Chance*. München: Piper.

May, R. (1987). *Der Mut zur Kreativität*. Paderborn: Junfermann.

McCrae, R. R., & Costa, P. T. (2003). *Personality in Adulthood*. New York: The Guilford Press.

McElroy, S. (2006). Home-based art therapy for older adults with mental health needs: views of clients and caregivers. *Art Therapy: Journal of the American Art Therapy Association*, *23*(2), 52-58.

Mees-Christeller, E. (1995). *Kunsttherapie in der Praxis*. Stuttgart: Urachhaus.

Mees-Christeller, E. (1996). *Heilende Kunst und künstlerisches Heilen*. Dornach: Die Pforte.

Menzen, K. H. (2001). *Grundlagen der Kunsttherapie*. München: Reinhardt.

Menzen, K. H. (2004). *Kunsttherapie mit altersverwirrten Menschen*. München: Reinhardt.

Miller, B. (1986). Kunsttherapie und schwerkranken Menschen. In T. Dalley (Hrsg.), *Kunst als Therapie* (pp. 179-192). Rheda-Wiedenbrück: Daedalus.

Mohaupt-Luksch, V. (2004). Die Wirkung kunsttherapeutischer Maβnahmen. Versuch eines wissenschaftlichen Nachweises. In M. Ganβ, & M. Linde (Hrsg.), *Kunsttherapie mit demenzkranken Menschen* (pp. 82-91). Frankfurt am Main: Mabuse-Verlag.

Museum Folkwang Essen (1989). *Paul Klee Späte Zeichnungen 1939.* Essen: Museum Folkwang Essen.

Müller-Thomsen, T. (2004). Zeichnen in der Demenzdiagnostik-Malen in der Therapie. In M. Ganβ, & M. Linde (Hrsg.), *Kunsttherapie mit demenzkranken Menschen* (pp. 114-117). Frankfurt am Main: Mabuse-Verlag.

Orimo, H., Ito H., Suzuki, T., Araki, A., Hosoi, T., & Sawabe, M. (2006). Reviewing the definition of "elderly". *Geriatr Gerontol Int 2006;* 6. 149-158.

Petzold, H. (Hrsg.)(1985). *Mit alten Menschen arbeiten. Bildungsarbeit, Psychotherapie, Soziotherapie.* München: Pfeiffer.

Petzold, H., & Sieper, J. (1991). Kunst und Therapie, Kunsttherapie, Therapie und Kunst-Überlegungen zu Begriffen, Tätigkeiten und Berufsbildern. In H. Petzold, & I. Orth (Hrsg.), *Die neuen Kreativitätstherapien.* Bd. I (pp. 169-186). Paderborn: Junfermann-Verlag.

Ravid-Horesh, R. H. (2004). A temporary guest: the use of art therapy in life review with an elderly woman. *The Arts in Psychotherapy, 31,* 303-319.

Rogers, C. R. (1991). Auf dem Wege zu einer Theorie der Kreativität. In H. Petzold, & I. Orth (Hrsg.), *Die neuen Kreativitätstherapien. Handbuch der Kunsttherapie.* Bd. II (pp. 237-256). Padaborn: Jungfermann-Verlag.

Rosenberg, F. (2009). The MoMA Alzheimer's Project: Programming and resources for making art acessible to people with Alzheimer's disease and their caregivers. *Art & Health, 1*(1), 93-97.

Rott, C. (1990). Veränderungen kognitiver Strategien in Alter. In R. Schmitz-Scherzer, A. Kurse, & E. Olbrich (Hrsg.), *Altern- Ein Lebenslanger Prozeβ der Sozialisation* (pp. 108-117).

Darmstadt: Steinkopff.

Rowe, J. W., & Kahn, R. L. (1998). *Succesful aging.* New York: Pantheon.

Rubin, J. A. (2005). *Child Art Therapy.* New Jersey: John Wiley & Sons.

Ruppert, F. (2013/2016). 노년을 위한 마음공부(*Älter werden-weiterwachsen*). (정하돈 역). 칠곡: 성 베네딕도회 왜관수도원.

Ryff, C. A. (1982). Successful Aging: A Developmental Approach. *The Gerontologist, 22,* 209–214.

Sarason, I. G., & Sarason, B. R. (1996/2001). 이상심리학(*Abnormal Psychology*). (김은정, 김향구, 황순택 공역). 서울: 학지사.

Schäfer, A. (1973). Musische Erziehung. In Klug, N. (Hrsg.), *Vom Geist musischer Erziehung* (pp. 326–349). Darmstadt: Wissenschaftliche Buchgesellschaft.

Schmeer, G. (1995/2004). 그림 속의 나(*Ich im Bild*). (정여주, 김정애 공역). 서울: 학지사.

Schoeneberg, A. (2002). *Rehabilitative Kunsttherapie älterer und alter Menschen.* Brühl: Books on Demand GmbH.

Schröder, M. (2004). Erinnerungstherapie mit Älteren in Wort und Bild. In M. Ganβ, & M. Linde (Hrsg.), *Kunsttherapie mit demenzkranken Menschen* (pp. 61–63). Frankfurt am Main: Mabuse-Verlag.

Schroots, J. J. F. (1996). Theoretical Developments in the Psychology of Aging. *The Gerontologist, Volume 36,* 6, 742–748.

Schuster, M. (2000). *Kunstpsychologie.* Baltmannsweiler: Schneider-Verl.

Sezaki, S., & Bloomgarden, J. (2000). Home-based art therapy for older adults. *Art Therapy: Journal of the American Art Therapy Association, 17*(4), 283-290.

Shore, A. (1997). Promoting Wisdom: The Role of Art Therapy in

Geriatric Settings. *Art Therapy: Journal of the American Art Therapy Association, 14*(3), 172-177.

Smit, P. de. (2004). Kunsttherapie mit Demenzerkrankten. In M. Gan β, & M. Linde (Hrsg.), *Kunsttherapie mit demenzkranken Menschen* (pp. 7-12). Frankfurt am Main: Mabuse-Verlag.

Spreti, G. F. von (2004). "Ich bin wieder wer" Kunstherapie mit einer alzheimerpatientin. In M. Ganβ, & M. Linde (Hrsg.), *Kunsttherapie mit demenzkranken Menschen* (pp. 33-45). Frankfurt am Main: Mabuse-Verlag.

Sprinkart, K. P. (1979). Kreatives Gestalten in Einrichtungen der offenen Altenhilfe. In K. P. Sprinkart (Hrsg.), *Kreativität im Alter* (pp. 84-115). Mittenwald: Mäander.

Stephenson, R. C. (2013). Promoting Well-being and gerotranscendence in an art therapy program for older adults. *Art Therapy: Journal of the American Art Therapy Association, 30*(4), 151-158.

Stirling, J. (2003). 신경심리학입문(*Introducing neuropsychology*). (손영숙 역). 서울: 시그마프레스.

Thomae, H. (1987a). Alternsformen-Wege zu ihrer methodischen und begrifflichen Erfassung. In U. Lehr, & H. Thomae (Hrsg.), *Formen Seelishen Alterns* (pp. 173-195). Stuttgart: Enke Verlag.

Thomae, H. (1987b). Patterns of Psychological Aging-Findings of the Bonn Longitudinal Study of Aging. In U. Lehr, & H. Thoemae (Hrsg.), *Formen seelischen Alterns* (pp. 279-286). Stuttgart: Enke Verlag.

Trüg, E., & Kersten, M. (2002). *Praxis der Kunstherapie.* Stuttgart: Schattauer.

Truzenberger, K. A. (2004). So bunt wie das Leben. In M. Ganβ, & M. Linde (Hrsg.), *Kunsttherapie mit demenzkranken Menschen* (pp. 64-81). Frankfurt am Main: Mabuse-Verlag.

Tyler, J. (2002). Art therapy with older adults clinically diagnosed as having Alzheimer's disease and dementia. *Art Therapies and Progressive Illness* (pp. 68-83). New York: Brunner-Routledge.

United Nations Fund for Population Activities[UNFPA] (2012). *Ageing in the Twenty-First Century: A Celebration and A Challenge*. New York: UNFPA.

Veelken, L. (1990). *Neues Lernen im Alter: Bildungs-und Kulturarbeit mit "Jungen Alten"*. Heidelberg: Sauer.

Wadeson, H. (2000). *Art Therapy Practice*. New York: John Wiley & Sons.

Wald, J. (1999). The role of art therapy in post-stroke rehabilitation. In C. A. Malchiodi (Ed.), *Medical Art Therapy with Adults* (pp. 25-42). London: Jessica Kingsley Publishers.

Wald, J. (2003). Clinical Art Therapy with Older Adults. In. C. A. Malchiodi (Ed.), *Handbook of Art Therapy* (pp. 294-324). New York: The Guilford Publication.

Waller, D. (2002). Arts therapies, progressive illness, Dementia: the difficulty of being. In D. Waller (Ed.), *Arts Therapies and Progressive Illness* (pp. 1-12). New York: Brunner-Routledge.

Weinert, F. E. (1992). Altern in psychologischer Perspektive. In P. B. Baltes, & J. Mittelstraβ (Hrsg.), *Zukunft der Alterns und gesellschaftliche Entwicklung* (pp. 180-203). Berlin: Akademie der Wissenschaften zu Berlin.

Weiss, J. C. (1984). *Expressive Therapy with Elders and the Disabled: Touching the Heart of Life*. New York: The Haworth Press.

Wenge, I. (1993). Kunsttherapie in der Geriatirie. In Domma, W., *Praxisfelder Kunsttherapie*. Köln: Maternus, 109-123.

Wichelhaus, B. (1996). Kunst, Therapie und Zerebrale Störung. *Therapie & Kunst*, 2/1996, 11-19.

Wieland, H. (1993). Altenpolitik für Behinderte im Seniorenalter. *Geistige Behinderung*, 4/93, 348-350.

Wilber, K. (2007/2014). 켄 윌버의 통합비전(*The Integral Vision*). (정창영 역). 서울: 김영사.

Winnicott, D. (1987). *Vom Spiel zur Kreativität*. Stuttgart: Klett Verlag.

Zahn, L. (1993). *Die akademische Seniorenbildung*. Weinheim: Deutscher Studien Verlag.

Zweig, R. (1994). *Overview on psychotherapy with older adults*. Lecture, White Plains, NY: New York Hospital-Cornell Medical Center, Westchester Division.

통계청 http://kostat.go.kr

한국교육학술정보원 http://www.riss.kr/search(2016. 6. 9.).

세계보건기구 (WHO) http://www.who.int/ageing/global-strategy/en/ (2016. 8. 12.).

찾아보기

권석만 50, 80, 95
김정혜 27
김효명 27

민병배 50, 80, 95

박경아 34

서국희 81, 82
석승한 98, 99
송미순 93

양광희 27
연병길 80
유순집 27
윤진 27, 52
이민수 94, 95
이용석 99
이원택 34

정여주 68, 77, 127, 132, 134, 161

정지향 81, 82, 84

하양숙 93
한설희 34
한정란 25, 27
허재택 98

Adler, A. 114, 125
Atchley, R. C. 56
Ayres, J. 120, 121, 122

Bachmann, H. I. 66, 67, 68, 124
Baltes, P. B. 27, 48, 49, 58, 61
Beauvoir, S. 25, 113
Bianchi, E. C. 54
Bloch, S. 124
Bollnow, O. F. 25
Bloomgarden, J. 112
Brodbeck, K. H. 66, 67, 68, 69, 130

Brüggebors, G. 34, 41, 121, 122, 123

Capra, F. 122
Carlson, N. R. 27, 34, 38, 42
Casals, P. 61
Chancellor, B. 132, 164
Chatterjee, A. 132, 164
Cicero, M. T. 25, 61, 62, 63, 70, 71
Cohen, G. D. 130
Cossio, A. 105, 107, 109, 129, 132, 157, 159, 161
Costa, P. T. 52
Cowgill, D. O. 57
Csikszentmihalyi, M. 67
Cumming, E. 56

Dahlberg, C. C. 34
Dommer, W. 132
Doric-Henry, L. 109, 112

내용

저자 소개

정여주(Chung Yeoju)

독일 쾰른대학교(Universität zu Köln) 교육학 석 · 박사
미술치료전문가, 아동심리치료전문가, 아동상담지도감독 전문가
전 서울여자대학교 교수, 원광대학교 초빙교수, 동국대학교 겸임교수
현 차의과학대학교 미술치료대학원 원장
   정여주 미술치료연구소 소장
   [홈페이지] www.jbaum.kr

〈주요 저서 및 역서〉
어린왕자 미술치료: 내면의 샘을 찾아가는 치유여행(학지사, 2015)
만다라와 미술치료: 내적 고요와 창의적 자아를 찾아가는 여행(2판, 학지
       사, 2014)
미술치료의 이해: 이론과 실제(2판, 학지사, 2014)
만다라 미술치료: 이론과 실제(학지사, 2013)
미술교육과 문화(3판, 공저, 학지사, 2012)
만다라 그리기 시리즈(학지사, 2007, 2010)
상호작용놀이를 통한 집단상담(공저, 학지사, 2001)
정신분석적 미술치료(공역, 학지사, 2011)
치유로서의 그림: 사별의 슬픔을 극복한 창조적 그림그리기(역, 학지사,
       2006)
그림 속의 나(공역, 학지사, 2004)
루돌프 슈타이너의 인지학 예술치료(공역, 학지사, 2004)
색의 신비(역, 학지사, 2004)
융의 분석심리학에 기초한 미술치료(역, 학지사, 2000) 외 다수

노인미술치료(2판)
이론과 실제
Art Therapy with Elderly: Theory and Practice (2nd ed.)

2006년 9월 15일 1판 1쇄 발행
2010년 9월 30일 1판 2쇄 발행
2018년 9월 10일 2판 1쇄 발행
2020년 4월 10일 2판 2쇄 발행

지은이 • 정여주
펴낸이 • 김진환
펴낸곳 • (주) **학지사**

04031 서울특별시 마포구 양화로 15길 20 마인드월드빌딩
대표전화 • 02)330-5114   팩스 • 02)324-2345
등록번호 • 제313-2006-000265호

홈페이지 • http://www.hakjisa.co.kr
페이스북 • https://www.facebook.com/hakjisabook

ISBN 978-89-997-1647-8 93180

정가 20,000원

이 도서의 국립중앙도서관 출판시도서목록(CIP)은 서지정보유통지
원시스템 홈페이지(http://seoji.nl.go.kr)와 국가자료공동목록시스템
(http://www.nl.go.kr/kolisnet)에서 이용하실 수 있습니다.
(CIP 제어번호: CIP2018026679)

출판 · 교육 · 미디어기업 **학지사**

간호보건의학출판 **학지사메디컬** www.hakjisamd.co.kr
심리검사연구소 **인싸이트** www.inpsyt.co.kr
학술논문서비스 **뉴논문** www.newnonmun.com
원격교육연수원 **카운피아** www.counpia.com